職場のなかでは、誰もが一目置く存在。後輩や部下にとっては、プロとはどうあるべきかを示してくれる憧れの存在となっていることだろう。

現状打破を信条とする人の姿勢は、常に前向きだ。よりよきサービス実現に向けた努力を怠ることはない。どんなにうまくいっているようにみえるときであっても、「本当にこれでいいのか」「改善すべき点はないか」と、チェックする姿勢をもち続ける。問題や課題が確認できれば、即、改善に向けた行動を起こす。現状に甘んじることなく、常にワンランク上のサービスをめざす。そんなプロフェッショナルな姿勢が身についている。

注目すべきは、こうした姿勢を示す人は、総じてストレスに強いという点だ。大きなプレッシャーにさらされても、気持ちをうまくコントロールしながら、いつもと変わらぬ様子で業務がこなせる。どんなときもキレずにもちこたえられる強さがある。

強さを生み出す源泉となったのが、不断の努力によって積み上げてきた実績である。プロとして胸を張れる数々の実績をあげてきたとの思いが、その人の心のなかに揺るぎなき自信を育み、それがストレスに負けない強固な力を生み出していたのである。

着実に実績をあげ、プロとしての自信を築きあげた人は、失敗への向きあいかたも前向きだ。チャレンジしたことが、たとえ失敗に終わったとしても、「こんな結果になるんだったら、チャレンジなどしなければよかった」と後ろ向きなとらえ方はしない。むしろ、積極的に教訓を学ぼうとする。行動開始から失敗に至るまでのすべての過程を精査し、同じような失敗を繰り返さないためのヒントを探し出そうとする。これまでさまざまな事柄にチャレンジし、いくつもの実績をあげてきたとの自信が、失敗を冷静な視点でみる心のゆとりを生み出しているからである。

263-00714

もし本書を手にしているあなたが，福祉の職場で働いた経験はないが，いつかチャンスがあれば就職したいとの思いを抱いている場合は，つぎの質問にトライしてほしい。

（問1）あなたが働こうとする福祉の職場では，いま，どのような使命や目的を果たすことが求められているのか。そして，なぜそのような使命や目的を果たすことが求められているのか，その理由を説明できるか。

（問2）先にあげた使命や目的を果たすプロフェッショナルな職員になるには，どのような姿勢，価値観（援助観，介護観，人間観，職業観），知識，技術，資格などをもつことが必要とされるのか。

（問3）プロとしてもつべき姿勢，価値観，知識，技術，資格などの習得に向けて，これまでどのような努力を積み重ねてきたか（努力の結果，いま，何を，どれくらい身につけられたか，説明できるか）。

これらの質問に対して，スラスラと難なく答えられるようであれば，明日の福祉事業所を担うプロとして活躍する可能性がきわめて大きい。福祉の世界でもてる力を存分に発揮してほしい。

以上，ここまではうまく答えられるケースについてふれてきたが，問題はこれからだ。万が一，先の質問に対して，頭を抱えるばかりで，答えられない場合はどうすればいいのだろうか。私の考えは単純明解だ。もうすでに福祉の職場で働いている人であろうと，これから就職を考える人であろうと，失望だけは厳禁だ。自分が職員として失格だとか，職員としての適性に欠けるなどと，決めつけてはならない。

そもそも私は、本書を手にした人を失意のどん底に突き落とすために、先の質問を投げかけたのではない。気づいてもらうためだ。いまの自分がどんな状況にあるか、等身大の自分と向きあってもらうためである。プロとして十分な実績を示せる状況にあるか。これからプロとして働くにふさわしい状況にあるか。これらの点に気づいてもらうために、質問を投げかけたのだ。福祉の職場を去ってもらうためでも、就職をあきらめてもらうためでもない。本物のプロをめざして、着実に行動を起こす大切さに気づいてもらう。これを目的としていたのである。

では、具体的にどんな行動を起こせばいいのか。実は、この点について、すぐに実践に移せる数々のポイントを紹介しているのが本書である。プロとしてどのような使命や目的を果たすことが求められるのか。使命や目的を果たす人になるためにはどうすればいいか。よりよきサービスの実現を阻むカベを乗り越えるためにはどのような工夫が必要なのか。福祉職場にみられるさまざまな問題を解決するためにはどうすればいいか。こうした点について、具体的かつ実践的なポイントが記されている。

本書がターゲットとする読者は、先の質問にうまく答えられなかった人たちだけではない。つぎのような状況にある人にも、ぜひご一読いただきたい。

- 心のどこかにプロとして成長したいとの思いがあるものの、何をどうすればいいのかわからない。
- 「このままではダメだ。変わらなきゃいけない」「もっといいサービスをめざさなければならない」などといった思いは強くあるものの、行動が起こせずにいる。
- よりよきケアの実現に向けて、いざ行動を起こしてみたが、カベにぶつかりにっちもさっちもいかなくなって困り果てている。

・業務改善に向けて動き出したが、同僚（後輩、先輩、部下、上司など）の理解や協力が得られず苦しんでいる。
・以前は熱い思いをもって働いていたのに、現在はモチベーションが低空飛行状態。どうすればやる気がアップできるのかわからず、苦悶する日々が続いている。
・ストレスをうまくコントロールできず、利用者に自分の感情をぶつけてしまいそうになることがある。このままではいけないと思うのだが、どうすればいいのかわからない。
・自信と誇りをもって働くプロになりたいという意欲はあるが、具体的にどうすればいいかわからない。
・福祉職員をめざしているが、プロとして働く準備ができているかどうか不安な状態にある。

もしあなたがこうした状況にあるとすれば、本書をフル活用してほしい。それこそ、表紙や中身がボロボロになるまで、使い込んでほしい。

本書の使いかたは、簡単だ。小説ではないので、どの章から読みはじめてもいい。ざっと目次に目を通して、「なんだかおもしろそう」「これだ！」と思う章から順番に読み進めていこう。「ここは重要だ」と思ったポイントには、マーカーで線を引いたり、付箋《ふせん》紙を貼りつけたりして、目印をつけておこう。こうしておけば、いつでも再確認できる。「あれはどこに書いてあったかな？」と思い出せずに苦労しなくてすむ（ただし、あなたが手にする本書が図書館や職場の蔵書として購入されたものである場合は、目印をつけることは許されない）。

本書の有効活用のためにお願いしたいのは、一度、読み終えたあとに、時間を置いて、繰り返し読む、という点だ。本書に一度目を通し、自己変革や業務改善に関するポイントを参考にしたうえで行動を起こせば、もはやあなたは以前のあなたではなくなる。数か月後あるいは数年後には、ワンランク、ツーランク、スリーランク成長したあなたになるに違いない。飛躍を遂げたあなたが、久々に本書に目を通せば、読む際の視点が変わる。より高いレベルで、「自己変革を図る」「職場の問題解決・課題達成に挑む」などといった姿勢で読み直すことになる。同じ箇所であっても、視点が変わっているので、みえてくるものも違ってくるはずだ。以前、目を通したときとは異なる、新しい「何か」が発見できるはずである。さらなる飛躍に向けたヒントが手にできるはずだ。だからこそ、お願いである。一度、目を通したら終わりではなく、定期的に、繰り返し目を通すことをお勧めしたい。

あなたが管理職であるならば、あるいは、中堅以上の職員で後輩を指導する立場にあるのであれば、本書を職員育成や業務改善に向けたテキストとして使用することも可能だ。実際に、これまで記した拙著（『伸びる職員実践教室』医歯薬出版、『どうすれば福祉のプロになれるか』中央法規出版など）は、そうした使いかたがなされるケースが少なくない。「先生の本を職員の勉強会で使用し、現在、こうした改善に取り組んでいます」との連絡が直接入ってくる場合もあるし、福祉事業所のホームページなどでは、勉強会で使用している様子が紹介されているケースもある。本書には、これまで記した拙著にはない、新たな改善のヒントを数多く盛り込んでいる。職場内研修のテキストとして使用され、福祉サービス事業所の業務改善に役立ってくれることを期待したい。

最後に、本書の刊行に貢献してくれた恩人のみなさんに感謝の意を表したい。まず最初にあげたいのが、『月刊総合ケア』（医歯薬出版）編集部のみなさんである。本書の大部分は、２００４年４月号から２００６年３月号までの２年にわたる連載を再構成し、加除筆修正して仕上げたものだ。連載のチャンスをいただけたことと、書籍としての刊行をすすめてくれたことに御礼申しあげる。

第9章「ストレスマネジメントのスキルを身につけ、どんなときも最善のサービスが提供できる人財をめざそう」については、『介護人財育成』（日総研出版）の連載で執筆した原稿（「マンネリ打破の仕事術：第4回 ストレスマネジメントのスキルを身につけどんな時も最善のサービスが提供できる人財を目指そう」、『介護人財育成』Vol.2 No.4・47～55頁 2005年）を微調整したものだ。また、第1章に示した福祉職員としての使命遂行に関するチェックリスト、第3章の一部分も、同誌に執筆した原稿を加除筆修正したものである。本書掲載を快諾してくれた同誌編集部のみなさんに心から感謝申しあげる。

本書刊行にあたり、とりわけお世話になったのは、医歯薬出版『月刊総合ケア』編集部の山中裕司氏である。同氏の暖かな励ましと数々の貴重な助言によって、最後まで書きあげることができた。ある意味では、本書は山中氏との共同作品といっても過言ではない。

本書が、夢と希望をもって働く福祉職員のみなさんの一助となること、さらには、利用者本位サービスの実現に役立つことを願ってやまない。

263-00714

デキる福祉のプロになる 現状打破の仕事術

CONTENTS

ひと目でわかる！　簡単チェックリスト

第1章

プロとして果たすべき使命を把握し、行動を起こそう

―変革の時代を担うのはアナタである

How to break the status quo :
the complete guide
to becoming a competent
social / care worker

時代の変化を的確にとらえよ

福祉の世界がいま大きく動きはじめている。もうすでに言い古されている表現であるが、あえて、私は強調したい。時代は大きく変わった。福祉の世界の古い常識はもはや通用しない時代がやってきた。

そのきっかけをつくったのは、１９９８年に発表された社会福祉基礎構造改革だ。これにより、わが国の社会福祉システムが、「かわいそうな人をお上が面倒みてあげる」との発想でつくられた措置制度から、契約に基づくサービス利用制度へと移行することが決まった。一部例外の領域があるにせよ、措置から契約への移行の意味は、想像以上に大きい。福祉の現場にかかわるすべての職員は、その意味をしっかりと理解していなければならない。業務改善やサービス向上の努力を払わず、これまでの旧態依然とした業務を繰り返すだけでは、マンネリの罠《わな》にどっぷりつかってしまう。気づいたときには、低レベルな業務を行う職員として、利用者や家族、あるいは、社会から「レッドカード」を突きつけられる事態が発生する可能性が高い。

変革の時代に留意すべきことは、「油断の代償はきわめて大きい」との事実だ。一流企業であっても、勝ち組状態にある企業であっても、「うちは大企業だから大丈夫」「消費者には見抜かれないから平気さ」とタカをくくり、消費者の信頼を裏切れば、大きな代償を払うはめになる。勝ち組から、一気に負け組へと転落する。下手をすると会社存亡の危機に直面する。

「築城三年、落城一日」。これはいま、ビジネスパーソンを対象とした研修会で頻繁に紹介される言葉だ。難攻不落と固く信じられている堅牢な造りの城であっても、油断をすれば一日で攻め落とされるとの意味である。ビジネス界の教訓として用いる場合は、社会や消費者から賞賛される高いブランド価値をつくりあげるには不断のたゆまぬ努力が求められるが、信頼を失いブランド価値が失墜するのはちょっとした油断で起こりうる、との意味で用いられる。

福祉の業界で働く人たちにとっても、「築城三年、落城一日」は胸に刻むべき重要な教訓と言える。社会福祉構造改革の発表と、その後の法制度の変化によって、時代は大きく変わった。改善すべき点があるのに手をつけずにいれば、たゆまぬ努力によって築きあげたブランド価値が水泡に帰してしまう時代へと突入したからである。

サービスの質が問われる時代の到来

契約によるサービス利用の時代は、利用者に対する眼差《まなざ》しも大きく変えた。「介護や支援を必要とするかわいそうな人」といった温情や同情の対象とした古い利用者観から、「当然の権利としてサービスを利用する人」というポジティブな利用者観への転換を促した。欧米福祉先進国と同様に、必要性が生じたときに福祉サービスを利用するのは、国民の当然の権利であるとのとらえ方がなされるようになったのである。

利用者観の変化は、提供するサービスに対しても変化を要求することになる。措置制度主流の時代は、かわいそうな人を助けてあげるとの発想であったために、求められるサービスを必要な分だけ提供すること、すなわち〝量〟の提供に主眼が置かれていた。どれくらいサービスが提供されているかという〝量〟に重きが置かれ、サービスの質が厳しく問われる状況ではなかった。要介護状態の高齢者に週2回デイサービスを提供することが決まっているとすれば、実際にそのとおり行われているかが重要であり、利用者がデイサービスにどの程度満足しているか、そこで提供されるサービスは本当に本人のニーズに対応したものになっているか、などといった点について事細かにチェックするシステムは整備されていなかった。

しかしながら、事態は大きく変わった。国は社会福祉基礎構造改革の指針に基づき、苦情解決の仕組みや第三者機関によるサービス評価のシステムといった新たな制度を導入、整備していった。これにより、わが国の社会福祉サービスは、どれだけのサービスが提供されているか、〝量〟が問われる時代から、実際に提供されるサービスが質の高いものであるか、その中身が重視される時代へと移行することが決定的となったのである。

とはいえ、こうした動きはまだ緒についたばかりだ。現行の苦情解決のシステムは、利用者や家族の視点からすれば、まだまだ使い勝手のいいものとは言えない。サービス評価システムも、すべての福祉事業者が受けることを定めた強制的なものではないし、評価方法については改善の余地が少なくない。今後、さらなるバージョンアップが必要なのは論を待たない。遠くない将来、これらのシステムはより機能的で使いやすいもの、あるいは、より充実したものへとバージョンアップされるだろう。

福祉現場で働く人には、常に時代を先取りした行動が求められる。より高いレベルのケアが求められる時代の到来に備えて、自己研鑽《けんさん》が欠かせない。福祉の業界においても、常に自分を磨き続けるプロフェッショナルな姿勢を有する人が求められるようになったのである。

要注目、使命感を抱くだけではよい仕事はできない

福祉の最前線で働く人たちのレベルアップに寄与すること。人財として育つためには、どうすればいいか、現場を訪ねてアドバイスすること。これが、いま、私が最も力を注いでいる仕事の一つである。

そもそも私が福祉職員から大学教員に転身した大きな目的は、研究で培った知見を福祉現場に還元し、利用者本位サービスを担う人財を育てることにあった。この目的を達成するためであれば、大学での授業や校務に支障がないかぎり、どこへでも飛んでいく。これが「現場とともに歩む」をモットーとする私の基本的なスタンスである。

研修会講師として訪問する事業所は、年ベースで言えば、軽く50か所を超える。その他、都道府県社会福祉協議会が主催する各種研修会にも講師として出かけているので、年間のスケジュールの3分の1くらいは、現場職員の人財育成に割いている計算になる。

職場内研修や社協主催の研修の場で、私が参加者のみなさんによく投げかけるのが、2つの質問だ。ひとつは、「あなたはプロとして、使命感をもって仕事をしていますか?」という質問。「使命感をもって働いていると思う人は手をあげてください」と参加者に呼びかけると、多くの人が反応してくれる。周りをキョロキョロと見渡しながら遠慮がちに手をあげる人もいるが、大多数の人がしっかりと手をあげてくれる。

続いて投げかけるのが、こんな質問だ。「みなさんが強い使命感をもって、働いていらっしゃること

はよくわかりました。ところで、みなさんは具体的にどんな使命を果たすために働いているのですか。具体的な使命、プロとして果たすべき使命を、これからお配りする回答用紙に書き出してもらえますか」。

この質問を投げかけた途端に、会場ははりつめた空気で一杯になる。使命感とは、「果たすべき義務を全うするという強い責任感」という意味である。この点について、参加者の多くは自信満々に「ある」と答えてくれた。しかし、「では果たすべき使命は何ですか」との質問になると、表情が一変する。しっかりとペンは握りしめているが、何も書き出せず困り果てた表情をみせる人の姿が目立つ。何とか書きはじめた人も、自信がないからであろう。書いた内容を手で覆い隠し、他の人にみられないようにする仕草をみせる。

私がこの2つの質問を投げかけるのには理由がある。参加者のみなさんに、ある事実に気づいてもらいたいからだ。使命感をもって仕事をしていると多くの人が思っているが、いざ、どんな使命を果たすために働いているのかと聞かれると答えられない。本来、胸を張って即答できなければならないはずの使命が理解できていない。この厳しい現実を直視してもらうためである。言い換えれば、自分に何が足りないのか、気づいてもらうためである。

使命の理解がなければ、使命感は空回りするだけ

大切なポイントなので確認しよう。何を果たすために働いているのか。使命の把握がなければ、プロとして真の意味で満足のいく仕事はできない。

263-00714

明確な使命を理解しないまま、使命感だけを頼りに前へ突き進もうとしても、思いが空回りするだけだ。方向が定まらず、右往左往するだけの日々を繰り返す。思うような成果があがらない状態が続けば、使命感は一気に揺らぎはじめる。心身ともに疲労困憊《こんぱい》状態となり、空しさが心を覆いはじめる。職業人としてのモラール（勤労意欲）も急低下。マイナス思考で物事を考えるようになる。「どんなにがんばっても何も得られない」といった失望感に苛まれたり、「余計なことは考えず、いつもの業務をただ繰り返していればいいんだ」と後ろ向きな言動を繰り返したりするようになる。

そうなると事態は悪化の一途をたどりはじめる。「マンネリにどっぷりと浸かる」「利用者の尊厳や権利を侵害する行為に手を染める」などといった、低レベルな業務に陥ってしまう。私独自の表現を使わせてもらうならば、**図**にあるような、「業務低下のスパイラル現象」に陥ってしまうのである。

実際に私は福祉の現場に対して業務改善にかかわるなかで、何度もレベル低下に陥った職場の実態を目の当たりにしてきた。それらの職場には共通の特徴があった。多くの職員は「使命感をもって働いている」と語っていたが、「どんな使命を果たすために働いているのか」という点については答えられないケースが大半であった。一部の職員は明確に答えることができたが、職場全体で共有されていなかった。つまり、レベル低下に陥っている職場では、果たすべき〝使命〟の把握が欠如していたのである。

使命は掲げるためにあるのではなく、遂行するためにある

そもそも使命感は何のために抱くのか。空回りさせるためではない。果たすべき使命を把握し、行

263-00714

図　業務低下のスパイラル現象

①福祉のプロとして、どのレベルのサービス提供をめざすのか、どのような使命の遂行をめざすのか，よく理解していない
②不明確な目標や使命感で業務が実施されているので、利用者本位サービスではなく、職員・職場の都合を優先した職員・職場本位サービスに陥りはじめる
③「このままではまずい」との思いはあるが、何が問題なのか、あるいはなぜ解決に向けた行動が必要なのか、その根拠を説明できない
④問題や課題があることは漠然とわかっているが、「変えるのは大変だから、このままでいいではないか」という後ろ向きな姿勢が頭をもたげ、結局、何も行動が起こせない
⑤「何をやってもウチは変わらない」との失望感が組織全体に蔓延する
⑥問題や課題が放置され、業務低下が止まらぬ組織になっていく

263-00714

動を起こすためである。利用者の生活の質の向上に貢献する本物の支援者となるためである。

そうなるためには、つぎのような手順を踏みながら、行動を起こすことが要求される。

①何を達成するために働くのか、プロとして果たすべき使命を把握する。

②一つひとつの使命がどの程度遂行できているのか、職場の現状、あるいは自分自身の働きぶりをチェックする。

③未達成の使命が確認できた場合、何が使命遂行を妨げる要因（阻害要因）となっているか、確認する。

④使命遂行に向けた行動計画を作成する（計画作成の際には、「どんな使命を」「いつからいつまでに」「誰が責任をもって」「どのような方法で遂行するのか」を盛り込むようにする。使命遂行を妨げる阻害要因が特定できた場合は、それをどうすれば除去できるか、具体的な解決策を盛り込んだ行動計画を立案する。たとえば、阻害要因が職員間のコミュニケーションの欠如である場合、適切なコミュニケーション、報告、連絡、相談の具体的方法を示した計画を作成する）。

⑤計画に基づいて行動を起こす。

⑥定期的に計画の進捗状況をチェックする。

⑦計画がうまくいっていない場合、原因を明らかにしたうえで、適切な達成計画を立案する。

使命の把握は、利用者に必要とされる人財となるための、はじめの一歩だ。もしあなたが、あるいはあなたの職場全体が、使命感はもちあわせているつもりだが、具体的にどんな使命を果たすために働いているのか、説明を求められても説明できないとすれば、きわめて危うい状態にある。日々の業務がマンネリあるいは低レベルなケアに陥っている公算が大きい。この危うい状態との決別は、焦眉《しょうび》の急である。

プロとして果たすべき8つの使命

それでは、早速行動開始だ。使命の把握に取りかかろう。あなたがプロとしてなし遂げることが求められる使命は、利用者本位サービスに関する知見を参考にすれば、つぎの８つ（※１）に整理できる。

【使命①】地域社会のなかで自立した生活が送れるよう支援する（地域社会とかかわりをもちながら、充実した暮らしが送れるよう支援する）

【使命②】利用者の個別ニーズ、意思や希望などを踏まえたサービス、専門的な知識や技術に基づくハイクオリティなサービスを提供する

【使命③】利用者が必要とする情報をわかりやすく伝える

【使命④】利用者の自己選択・自己決定を支援する

【使命⑤】残存能力の維持や潜在能力の開発を支援する

【使命⑥】意見、要望、苦情が述べやすい環境・関係をつくる（意見、要望、苦情が表現された場合は、適切かつ速やかに対応する）

【使命⑦】プライバシーを保護する

【使命⑧】一人の人間としての尊厳が維持できるよう支援する

つぎに、これらの使命をあなた自身が（あるいはあなたの職場が）果たしているか、現状をチェックする際のポイント（※2）を紹介しよう。

【ポイント①】利用者が地域社会の一員として、地域住民と接したり、地域の社会資源をフル活用する機会が十分に提供されているか

・利用者が居住するエリア、事業所が存在するエリアにどのような社会資源の利用が可能か、リストアップしているか。

・生活型の施設の場合であれば、外出の機会が十分に提供されているか。地域活動に参加する機会が提供されているか。地域で利用できるサービスを施設内に取り込むのではなく、地域社会で利用するというノーマライゼーションの思想に基づく取り組みがなされているか（たとえば、施設内でカラオケをするだけでなく、地域にあるカラオケ店を利用する。施設内で映画上映するのではなく、映画館での映画鑑賞を行う。美容師に施設に来てもらい出張サービスをしてもらうのではなく、利用者が美容院に出かけてサービスを利用する。職員が利用者に代わって買い物すべてを済ませてくるのではなく、利用者自身が地元の商店街やスーパーなどに出かけて買い物をする等の試みがなされているか）。

【ポイント②】質の高いサービス実践に向けた努力が、日々、積み重ねられているか

・業務内容のチェックが定期的に行われているか。
・業務評価の結果、課題や問題が明らかになったとき、適切な課題達成案、問題解決案が作成され、実施されているか。
・権利侵害や低レベルなケアは決して許さない、と強い決意をもって働いているか。
・どのような対応、姿勢、業務スタイルが不適切だとみなされるのか、職員間に共通認識があるか（どのような行為が高齢者虐待、児童虐待、障害者虐待とみなされるのか、専門的な知識があるか）。
・不適切なケアを行う職員に対して、厳格な対応がなされているか。
・利用者と一対一でふれあう時間は十分に確保されているか。
・利用者の意思、希望、ニーズに対応することが、何よりも優先すべき業務であるとの認識が職員間で共有されているか（雑務優先の業務スタイルと決別するとの決意が、職員間で共有されているか）。
・緊急事態の発生といった明確な理由があるわけでもないのに、利用者の周りを忙しそうに動き回るのは不適切な業務姿勢だという認識が職員間で共有されているか。

【ポイント③】利用者に対して知る権利を保障する取り組みが十分に行われているか

・利用者に対して、必要な情報をわかりやすく提供する努力がなされているか。
・認知症や知的障害などがある利用者に対して、「理解できるわけがない」と決めつけず、情報提供の方法を工夫し、少しでも理解できるよう努力するとの姿勢が示されているか。
・利用者にとって、有益であると思われる情報に関しては、利用者から求められなくても、提供しようとする努力がなされているか。

【ポイント④】 利用者の意思や希望を最大限尊重したケアが行われているか

・コミュニケーションが困難な人であっても、あるいは意思表示が困難な人であっても、あきらめずに意思や希望を把握しようとする努力をしているか。

・本人の意思を確認したうえで、サービスを提供するという利用者本位サービスの原則が守られているか。

・ケア計画や支援計画を作成する際には、どのような場面で、どれくらいの援助を、どのような方法で、どれくらい提供してほしいと思っているのか、本人の意思を確認し、最大限尊重するという原則が遵守されているか（制度上の制約などのために、本人の意思に沿った計画が作成できない場合、その理由を本人がわかるように説明する努力が行われているか）。

・個別ニード、利用者のライフスタイル、嗜好などに対応できるよう、サービスの選択肢を増やす努力がなされているか（たとえば、レクリエーション活動に関する選択肢、食事サービスに関する選択肢、食事時間・入浴時間等に関する選択肢は十分に提供されているか）。

【ポイント⑤】 残存能力の維持や潜在能力の開発に向けた適切な支援が提供されているか

・利用者がどのような力を、どれくらい有しているのか、適切なアセスメントが行われているか。

・アセスメントに基づき、適切な残存能力維持に関する支援プログラム、あるいは潜在能力開発に関する支援プログラムが作成されているか。

・残存能力維持、潜在能力開発のために作成した支援プログラムが、予定どおり実施されているか、また期待どおりの成果を収めているかを、定期的にチェックする取り組みが行われているか。

【ポイント⑥】意見、要望、苦情が言いやすい（出やすい）環境をつくり出しているか

・利用者から寄せられる意見・要望・苦情に対して、じっくりと耳を傾けるのは職員の義務であるとの認識が職員間で共有されているか（職員一人ひとりが、その原則に基づいた行動をとっているか）。

・利用者や家族から示された意見・要望・苦情に関しては、どんな些細なことであっても、記録にとどめ、他の職員と情報を共有するとの取り組みが実施されているか（「えっ、そんな意見が出されていたんですか？」「そんな要望が出されていたなんて知りませんでした」などといった事態が生じないよう、適切かつ十分な工夫がなされているか）。

・苦情解決の仕組みが職場内に整備され、その存在と設置目的、利用方法などが、利用者に理解できるように説明されているか。

・寄せられた苦情に対して、どのように取り組むのか、その具体的手順や方法が明文化されているか（実際に苦情が寄せられた場合、その手順・方法に基づく適切な対応がなされているか）。

・苦情解決の窓口に申し出が少ない場合、その原因は何なのかを明らかにする取り組みがなされているか（注：福祉事業所の場合、「苦情がない」イコール「サービスに満足」とは限らない。言いたくても言えないケースが少なくないので、自分たちの職場がそのような状況に陥っていないか、真摯《しんし》な姿勢でチェックする取り組みが欠かせない）。

【ポイント⑦】プライバシーに配慮した業務が行われているか

・排泄、入浴、着替えなどの介護場面が第三者の目にふれぬよう、最大限の配慮がなされているか。
・利用者の生活歴、家族状況、病歴・病状、障害状況、排泄状況などのプライバシー情報について職員間でやりとりする場合は、職員室や会議室など、第三者の耳に届かぬ場所で行うことがルールとして明示され、実際にそれが徹底されているか（利用者のプライバシー情報を記した文書は、第三者の目に触れぬよう、適切な方法で管理・保管されているか。注：ここで言う第三者とは、ボランティア、本人以外の利用者、来客、出入りの業者などを指す）。
・個人情報に関して、個人情報保護法に基づく具体的指針が作成され、職員全員に周知徹底されているか。

【ポイント⑧】利用者の尊厳を最大限尊重するサービスが提供されているか

・利用者の年齢や生活歴などを考慮したサービスが提供されているか。
・「○○しなさい」「○○してはダメ」「どうして○○するの？」などと、命令語、禁止語、叱責語による対応は不適切であるとの認識が、職員間で共有されているか。
・「○○しないと、○○してあげませんよ」「○○したいのなら、○○してください」などと、職員としての優位性を利用した交換条件による対応（利用者の当然の権利を交換条件を出して制限するかのような対応）は、不適切な対応であるとの認識が職員間で共有されているか。

以上、ここではプロとして果たすべき使命とそれがどの程度遂行できているか、確認するためのポイントを紹介した。ここでぜひあなたの思いを確かめてほしい。さて、あなたはどんな思いを抱きながら、読み進んでくれただろうか。「これまで自分がプロとして取り組んできたことが正しいと確認できた」と胸を張りながら読んでくれただろうか。それとも、「使命把握の大切さをいまさらながら確認できた」「使命の把握が十分ではなかった」「使命遂行に向けて十分に行動を起こしているという状況にないことがわかった」「このままじゃ、ダメだ」などと強い危機感を抱きながら読み進めていただろうか。

前者の場合であれば、もうすでにあなたは利用者本位サービス時代を担う十分な準備ができている。そのための行動をすでに起こし、多くの成果を収めてきた類いまれなる人財だ、と断言できる。後者の場合であれば、いざ、行動開始だ。使命達成に向けて、粉骨砕身されることを期待してやまない。

文　献

※1　ここで示した使命に関する記述は、利用者本位サービス時代に保障すべき、利用者の権利を記したつぎの文献を参考にしながら、まとめたものである。

1）久田則夫：伸びる職員実践教室　保健福祉の職場が変わる仕事術．医歯薬出版，1999．

2）久田則夫：社会福祉における権利擁護の視点に立つ新たな援助論「利用者主体のサービス」の実現に向けて．社会福祉研究，第70号，pp.46～58，1997．

3）小田兼三・他 編著：エンパワメント実践の理論と技法，中央法規，1999．

※2　ここで示したチェックポイントは、上記の3つの文献と、つぎの2つの文献を参考にして整理したものである。

4）久田則夫：どうすれば福祉のプロになれるか　カベを乗り越え活路を開く仕事術．中央法規出版，2004．

5）北川清一・牧里毎治　編：新版社会福祉学習双書〈第8巻〉社会福祉援助技術論．全国社会福祉協議会，2001，pp.265～287．

注）本章に記した使命に関する記述および使命遂行に向けてのチェック項目に関する記述は、『介護人財育成』（日総研出版）に記した拙文「マンネリ打破の仕事術：サービス向上の決め手は『気づき力』にあり」（2005年5月号，Vol.2，No.5，pp.57～66）を加除筆修正したものである。

263-00714

This Chapter's Points

本章で学んだこと

ポイント① 使命感はただ心に抱くだけでは何の成果も生み出せない。真の意味で使命感をもって仕事を行うためには、まず、使命の把握が欠かせないとの原則を忘れるな。

ポイント② 使命感はただ漫然と抱くだけでは空回りに終わる。空回りを防ぐために、使命を達成するための一連のプロセスを頭に入れて行動を起こそう。

ポイント③ プロとして果たすべき8つの使命を把握し、達成に向けて行動を起こそう。

263-00714

第2章

職場のなかで十分に評価されない、と嘆く前に考えるべきこと

—プロに求められる本物の力と「5Kの心」を身につけ、組織の発展に寄与する真の職業人となろう

*How to break the status quo :
the complete guide
to becoming a competent
social / care worker*

増えてきた嘆きの声
――職場のなかで正しく評価されていない！

私の重要な仕事の一つは、現場で働く職員の悩みに耳を傾け、解決に向けたお手伝いをすることである。福祉職員を対象とした研修会や業務改善のために訪ねた福祉施設で相談を受ける場合もあれば、電話やメールなどで相談を受ける場合もある。

最近、とくに目立つようになったのが、職場が自分をどう評価しているか、といったことに関する相談である。その典型的な例は、「自分なりに一生懸命働いているのに、職場のなかで正当な評価を受けていない」「自分の働きに対する職場の評価が低い」などといったものだ。彼らの気持ちはよくわかる。人は誰もが、所属する組織や集団のなかで「認められたい」「役に立ちたい」「必要だと思われたい」との欲求を有している。「正当な評価を受け、必要な人だとの実感が得たい」との思いは、心理学者アブラハム・マズローが唱えた人間の根源的な欲求であり、誰にとっても不可欠な、時代を超えた普遍的ニーズと言えるからだ。

ただし、注意しなければならない点がある。「評価されていない」と訴えてくる人が、必ずしも確たる根拠をもって、そう発言しているわけではない点である。もちろん、なかには、何らかの証拠をもって相談にくる人もいる。いまはやりの成果主義に基づく人事考課制度による評価が納得できないとして、評価レポートをみせながら、「そもそも評価基準自体に問題がある。これじゃ納得できない」「上司の一方的な見方で不当な評価を受けている」などと、問題点を事細かに指摘しながら不満を述べる人もいる。

263-00714

が、これはあくまでも少数派だ。そもそも、福祉の職場には一般企業ほど、人事考課制度は普及していない。取り入れる事業所が増えてきたとはいえ、まだまだ導入は緒についたばかりだ。大多数の相談は、「なんとなく、評価が低いような気がする」「自分の力や働きが認められていないような気がする」などといった主観に基づく訴えである。なんらかの客観的な事実に基づいて「評価されていない」と訴えているのではなく、思いこみや推量、推察に基づく発言が圧倒的に多いというのが実情と言える。

どこを評価してほしいのかあなたが把握していなければ、他者もあなたを評価できない

大切なのは、相談にくる人に、この点に気づいてもらうことだ。「評価されていない」と感じる原因が、必ずしも上司や職場にだけにあるとは限らない。むしろ、自分自身に大きな原因がある場合が多い。この重要な事実に気づき評価されない何かを有する自分自身に向きあってもらうために（そして、そこから自己成長のヒントを身につけてもらうために）、私は彼らに、つぎのような質問を投げかけることにしている。

「なるほど、職場のなかで正当な評価を受けていない。何とかしてほしいという気持ちはよくわかりました。ところで一つ私に教えてもらえますか。あなたは、職場の上司や同僚のみなさんに、具体的にどういった点を評価してほしいと思っていらっしゃいますか」

この質問に対して、多くの人がしどろもどろになる。「えーっと、急にそんなことを言われても…」

と言った後、口を閉ざしてしまったり、「自分からここを評価してほしいっていうのは、ちょっと言いにくいですね」と日本人らしい謙虚な姿勢でその場を切り抜けようとしたりする。

正しい評価を受けていないと嘆きの声を発しているのに、「では実際にあなたのどういったところが評価すべき点なのか、教えてください」と聞くと、明確な答えが返ってこない。なんとか、返事を得ようと粘ると、こんなコメントが返ってくる。

「私は私なりに一生懸命仕事に取り組んできました」
「職場の仲間とのチームワークを大切にしてきました」
「無遅刻無欠勤で他の職員に迷惑をかけずに働いてきました」
「これまで手抜きなどせず一生懸命やってきました」

なんとか自分の働きを認めてほしいとの気持ちはひしひしと伝わってくる。しかしながら、大切なポイントが伝わってこない。一生懸命、チームワークを重視し、無遅刻無欠勤で、手抜きせずに、働いてきたと主張するだけでは、プロとしては不十分。肝心なのは、「で、どんな成果をあげたか」だ。〝一生懸命〟あるいは〝手抜きせず〟に働いて、どのような成果を、どれくらいあげたのか（あるいは、あげつつあるか）、が重要なのである。

自分がどのような点で、どれくらい職場に貢献しているか、説明できない状態であれば、どこの職場で働こうとも、高い評価など得られない。「職場が私を評価してくれない」と嘆く前に、はたして自分は周りから高く評価されるような成果をあげているのか、あるとすれば、それはどのような点なのか、振り返ってチェックすることを忘れてはならない。他者に評価を求める前に、厳しく適正な自己評価する。この姿勢こそが、プロフェッショナルな職業人に不可欠の条件である。

厳しい現実を受けとめよ
——自分が思っているほど職場に貢献しているとは限らない

さて、ここで興味深い研究報告を紹介しよう。「人は自分の組織に対する貢献を過剰評価する傾向にある」との事実を示した研究である。

それは、ハーバード大学ビジネススクールの研究者グループ、バナジ、ベイザーマン、チューの3氏が示した研究報告(文献1)である。彼らは、企業倫理という観点からリーダーと組織のあり方を論じた論文のなかで、組織において人は自分の貢献を過大評価する傾向が強いとの事実を指摘し、これが「もっと評価されるべきなのに評価されていない」「不当な評価を受けている」といった不満のエネルギーを生み出す原因になっていると説明している。

人財育成のエキスパートである新　将命氏（あたらし　まさみ・国際ビジネスブレイン代表）も、評価されてないと嘆く人のなかには、本当は第三者を納得させるほどの能力をもちあわせていないケースがあるとの指摘(文献2)をしている。その事実を認識せずにいると、自分を実力以上に評価する「独り善がりの錯覚」に陥ると警鐘を鳴らしている。

「正当な評価を受けていない」との思いは、疑心暗鬼、嫉妬心、不安感などのマイナスの感情に姿を変えやすい。そのエネルギーは絶大だ。油断をすると、他者に対する非難、中傷、陰口を繰り返すという罠に陥らせる。最悪のケースでは、職場全体に対立と混乱をもたらし、業務低下のスパイラルに陥らせるとの事態を招く。

「役に立っているに決まっている」との思いこみと決別せよ

それでは、いったいどうすればこの事態を回避できるのか。最も有効な手段は、「自分は役立つ人だと思う」という根拠なき思いとの決別である。当然のことだが、ただ決別すると叫ぶだけでは事態の打開は図れない。自らの職業人としての力をチェックする行動が欠かせない。

ここでは、自らの実力を検証する簡単なチェックリストを紹介する。これは、明日の福祉業界を担う人に対して、求められる力を判定するために作成したチェックリストだ。

大きく分けると、①使命把握力・職務遂行力、②タイムマネジメント力、③情報収集・整理・分析・提供力、④コミュニケーション力、⑤専門的技能向上力、⑥ヒューマンネットワーク力＆人望力、⑦課題発見・問題解決力＆新規アイデア提案力、⑧ストレスマネジメント力（注：ストレスとうまくつきあっていく力）である。

これらの大項目のなかに記された質問に対して、「はい」と答えられるものには○をつける。「いいえ」の場合は×をつけよう。×がついた項目が、あなたに足りない部分である。真の意味で高い評価を受ける職業人となるために、弱点克服に向けて行動を起こそう。

組織の発展と業務向上に寄与する福祉職員に求められる能力チェックリスト

チェック ○×

1―使命把握力・職務遂行力

①何を達成するために働いているのか、職業人として果たすべき使命を明確に理解しており、それを第三者にもわかりやすく説明できる。

②現在の職場で業務をこなしていくために必要とされる知識や技能は十分に身につけている（直接援助系の職員の場合は、たとえば、相談援助技術、介護技術、ケース記録の方法、ニーズアセスメントの方法、個別ケア計画の作成方法、認知症の周辺症状や知的障害等にともなう行動障害への適切な援助方法などが含まれる）。

③他職種の職員がどのような役割を担い、どのような方法でその役割を果たすことが求められているのかを理解していて、必要に応じて彼らと適切な連携がとれる。

④今後福祉の世界がどう変わっていくかや、それにともないどのような使命・役割・職務の変化が想定されるかを理解していて、変化に柔軟に対応する準備もできている（変化に柔軟に対応できるよう、常に新たな知識や技術の習得に努力している）。

2―タイムマネジメント力

①決められた時間を守って行動できる（遅刻や書類等の提出日に遅れるなどして人に迷惑をかけることはない）。

②やるべきことがあるときに、「時間がない」を言い訳にして先送りしたり、やらずに放置したりしない（忙しいときでも、すきま時間をうまく活用して仕事をこなすことができる）。

③業務に取り組むとき、あらかじめ計画を立てたうえで行動する習慣が身についている(行き当たりばったりで仕事をしない)。

3―情報収集・整理・分析・提供力

①新聞は毎朝、しっかりと目を通している。

②福祉系専門誌（あるいは自分の職種に関連する専門誌）のうち少なくとも一誌は定期購読し目を通している。

③図書館、インターネットなどの情報収集手段をうまく使いこなせる。

④集めた情報を適切な方法で、整理分類できる（情報の整理、分類の方法を知っている）。

263-00714

⑤新聞や専門誌などに、他の職員と共有すべき重要な記事があった場合は、コピーして職場内に掲示したり、配布したりするなどして、情報提供する努力をしている。

⑥ワープロ、表計算など、パソコン操作に関する基本的な知識をもっている（業務のなかでもその能力を活かせる）。

⑦さまざまな情報を誰もが理解できるよう、整理してわかりやすく伝えることができる（あるいは、その工夫をしている）。

4―コミュニケーション力

①さまざまな利用者に対応できる十分なコミュニケーション技術をもっている（言語、非言語両方のコミュニケーション技術について、プロとして胸を張れるくらいの知識と技術をもっている）。

②自分の考えを相手にわかりやすく伝えることができる（自分の考えが相手に伝わらなかったとき、相手を責めるのではなく、自分の伝えかたに問題がなかったかと、謙虚に検証する姿勢をもっている）。

③業務に関する自分の考えや姿勢を明文化して、（文章で）他者にわかりやすく伝えることができる。

5―専門的技能向上力

①これだけは職場のなかで誰にも負けないというオンリーワンの知識や技術をもち、それを活かした仕事を職場のなかで実践している。

②専門的知識や技能、資格などの習得に向けて、現在、取り組んでいることが少なくとも一つある（技能習得に向けた書籍の購入、研修会等への自主的な参加、資格取得講座の受講など）。

③新たな知識や技術を学ぶ際には、どうすれば実践に活かせるかを常に考え、実践に役立たぬ知識や技術にならぬよう（机上の知識ばかりで実践がともなわない職員にならぬよう）気をつけている。

④定期的に自分の仕事への取り組みや実績を振り返り、自分に何が足りないか、確認することを忘れない。

6―ヒューマンネットワーク力&人望力

①同僚や後輩から相談を受けることが多い。

②誰に対しても感情的にならず、冷静につきあうことができる（感情をうまくコントロールしながら、つきあうことができる）。

③職場のなかでは、利用者や家族から相談を受ける回数は多いほうである（利用者や家族から頼りにされているほうだ）。

263-00714

④直接サービスを提供していない利用者や家族からも、何かと相談を受けることが多い（自分で言うのは照れくさいが、職場外の利用者や家族などにも、「この点については○○氏に相談すればよい」と言われるほど、その名が知れわたっている）。

⑤職場外にも同業者の人的ネットワークをもっている（社会福祉士会、介護福祉士会などの職能団体への参加、同業者が主催する研究会・勉強会に参加するなどして人脈を築いている）。

7―課題発見・問題解決力&新規アイデア提案力

①常に、「このままでいいのか」「別の方法はないか」という改善への強い意欲をもっている。

②問題や課題がみえてきたとき、「そんなこと言ってもできない」という後ろ向きなとらえ方ではなく、どうすれば解決できるか、前向きな姿勢で取り組める。

③これまで職場内で新しい何かを提案・実行し、業務改善・サービス向上に貢献したことが何度もある。

④業務改善のために出した提案を会議や打ち合わせなどの場で否定（否決）されたとしても、「理解しようとしてくれない」「つぶされた」と後ろ向きにとらえ、自暴自棄になったり、他者批判に終始したりするのではなく、「どうすれば理解が得られる提案へと進化できるか」「どうすれば皆の賛同を受けられる提案ができるか」、前向きな姿勢で物事を受けとめられる。

8―ストレスマネジメント力

①一人で仕事を抱え込まない（他の人と仕事をシェアできる）。

②気分転換がうまい（仕事のことを忘れられる趣味がある、楽しみがある）。

③辛いときや苦しいときに、何でも腹を割って相談できる人がいる。

④誰も私のことをわかってくれない、といった思いにかられることはめったにない。

⑤プラス思考で考えるのがうまい。

263-00714

総合評価

〇が31個以上：どこの職場で働こうとも高評価を受ける傑出した人。注意すべきは慢心のみ。
〇が25個〜31個：もう少しの努力で高評価をうける職業人となれる。
〇が19個〜24個：評価をうける職業人としてはまだまだ努力不足。奮起を期待したい。
〇が18個以下：明らかな力不足。職業人として失格との烙印を押されかねない危機的状況。いますぐに行動を改め、倒産の危機から抜け出た企業のようにV字回復&実力アップをめざせ。

※総合評価はあくまでも目安である。〇が多く高評価を得たとしても、時間厳守ができない人や感情をうまくコントロールできない人は職業人として失格となる場合があるので、油断禁物である。

（出典および注：本チェック表は、『月刊総合ケア』２００４年５月号（医歯薬出版）に掲載した拙文、「職場の中で十分に評価されない、と嘆く前に考えるべきこと〜『職場に対する自らの貢献を過大評価する』という甘い囁きと決別し、組織の発展に寄与する本物の職業人をめざそう〜」に掲載した表を一部修正したものである。なお、本表作成に当たっては、ケー・アソシエイツ小林 裕氏の意見を参考にして日経アソシエ編集部が作成した「あなたの不況抵抗力チェックシート」〈『日経ビジネスアソシエ』２００２年３月号37頁〉を一部参考にした。とくに参照した部分は、②タイムマネジメント力、③情報収集・整理・分析・提供力、⑥ヒューマンネットワーク力であるが、福祉職場で使用できるよう筆者独自の加除筆が行われている）

欠かせない「福祉の心」

高い評価を受ける人になるために必要なのは、先に示した8つの力だけではない。古くから社会福祉実践の根底にあるべきものと言われる「福祉の心」の習得と、それに基づく社会福祉実践が欠かせない。どんなに高度な知識や技術をもちあわせていても、基盤となるべき心の部分が欠如していれば、業務レベルは低空飛行状態で、職業人としてよい成果をあげるなど、夢のまた夢となるからだ。真の意味で、高い評価を受ける人にはなれないからである。

「福祉の心」の大切さについては、初学者向けテキスト、福祉の仕事を紹介したマニュアル本、あるいは福祉人材育成にかかわる諸機関が発行する小冊子などのなかで、強調される場合が多い。その例として、高校生向けにつくられた文部科学省検定済み教科書『社会福祉基礎』（一番ケ瀬康子・他著、一橋出版）をみてみよう。同書には、福祉職員は「豊かな感性・情熱（Heart）に加えて、専門的知識（Head）、技術（Hand）、健康（Health）の４つのHをもつことが望まれる」（文献3）と記され、心の大切さが、いの一番に掲げられている。

「福祉の心」が大切なのは、初学者だけではない。福祉の職場で働くすべての人が、実践の拠り所とすべき原則である。この原則を無視したり、軽んじたりした場合の代償はきわめて大きい。著しいレベル低下現象に見舞われる可能性が高くなる。

実際に私は、レベル低下の罠《わな》にはまった職員を、何人も目の当たりにしてきた。それこそ、経験年数、資格の有無、職階などは関係ない。どんなに長い職務経験があろうとも、どんなに高度な知識・技術があろうとも、どんなにハイレベルな資格を取得していようとも、あるいは、どんなに高い役職にあろうとも、「福祉の心」とは何を指すのか的確な理解がなければ、そして、その心に基づく実践を日々心がけていなければ、利用者から高い評価を受けるハイレベルな職員にはなれない。

その厳然たる事実を、私は社会福祉実践現場との長年のかかわりのなかで、嫌というほど学んできた。だからこそ、ここでしっかりと確認したい。福祉職場で働く限り、「福祉の心」の大切さを決して忘れてはならない。その心を堅持しながら、働くことが求められているのである。

「福祉の心」を解くカギは「５Ｋ」にあり

それでは、いったい「福祉の心」とは具体的には何を指すのか。私独自の切り口で整理したものを紹介する。

「福祉の心」は、社会福祉実践の基盤の一つとして、よく紹介される価値観（Values）と重なる部分が多い。ただし、大きな違いもある。価値観とは、経験や考えかたから生まれたものの見方であり、人はどうあるべきか、物事はどうあるべきかを判断する際の基準（文献4）となるものである。他方、「福祉の心」はこうした価値観を行動に移すための心構えや姿勢を示したもの、つまり、行動原理という特徴がある。

私は、こうした特徴がある「福祉の心」を**「５Ｋの心」**という言葉で表現することにしている。いうまでもないが、５Ｋは、かつて流行語として一世風靡した３Ｋ（キツイ、キタナイ、クライ）とは全く関係がない。ここでいう５Ｋとは、もっとポジティブな意味をもつ表現だ。**「感謝する心」「感激する心」「感動する心」「謙虚な心」「共感する心」**を指す。それぞれの心が何を指すのか。どのようなアクションを福祉専門職であるあなたに求めているのか。その具体的な内容はつぎのとおりである。

「感謝する心」は〝利用者に学ばせていただく〟ための必須要素

「感謝する心」とは、利用者や家族に対して、感謝する気持ちをもち続けるという意味である。なぜ、この心が大切なのか。理由は3つある。第一の理由は、社会福祉のプロとして働く人は、利用者に自分たちが働く事業所を選んでもらい、サービスを利用していただくことによって、生活の糧である報酬が手にできるからである。つまり、利用者一人ひとりが、生活基盤を支えてくれる重要な存在であるからだ。

第二の理由は、利用者や家族などサービス利用にかかわる人たちが、福祉の職場で働く人を本当のプロへと育ててあげてくれるからである。専門学校・短大・大学などで、たとえどんなに熱心に福祉の勉強に打ち込んで働きはじめたとしても（介護福祉士や社会福祉士などの国家資格を取得したうえで働きはじめたとしても）、それだけですぐにハイレベルなサービスが提供できるほど、社会福祉の世界は甘くはない。利用者一人ひとりがどのような人なのか、どのような特性があるのか、どのような生活を歩んできたのか、どのようなニーズがあるのか、実際の利用者とのかかわりのなかから学んでいくことが求められる。大切なのは、「常に利用者に学ばせていただく」という視点をもち続けることだ。「今日も利用者から多くのことを教えていただいた。ありがとうございます」という感謝の気持ちをもって、働き続けることである。

「感謝する心」が大切だと主張する第三の理由は、その心を忘れてしまえば、マイナスの視点で人をみる誤った姿勢に陥りやすくなるからである。その結果、威圧的な言動や力づくの対応など、低レベルな接しかたに手を染めてしまう公算が大きくなるからだ。

とりわけ気をつけてほしいのは、行動障害を示す人たちに接する場合だ。彼らは援助者を困らせようとして、徘徊、妄想・幻覚、攻撃的行動、不潔行為、異食、自傷行為、著しい固執行動などの行動を示すのではない。しかし目先の大変さに心を奪われ、「感謝する心」をどこかに置き忘れてしまえば、この当たり前のことがわからなくなる。行動障害を示す人を、「手を煩わせる人」「他者に迷惑ばかりかける人」などと、マイナスの眼差しでみるようになり、高圧的な姿勢で対応するという罠に陥ってしまう。

罠に陥らぬようにする最大の防御策は、「感謝する心」をもち続けることである。どんなに経験年数を重ねようとも、その心を忘れぬようにすることである。

「感激する心」「感動する心」で喜びを分かちあい、利用者のニーズに気づき行動を起こす

「感激する心」とは、一言で言えば、利用者とともに、喜びを分かちあう姿勢をもつという意味である。

要介護状態にある高齢者や障害者が、機能回復に取り組み、ある一定の成果をあげるまでには、多くの時間と労力を要する。同様に、知的障害者が潜在能力の開発に向けたトレーニングに取り組み、所期の目的を達成するまでには、不断の努力が必要となる。機能回復、残存能力の維持、潜在能力の開発は、誰にとってもビッグ・チャレンジだ。一足飛びには達成できない。無理せず、焦らず、じっくりと、目の前にある課題に取り組んでいく。忍耐力を要する息の長い取り組みである。利用者にとっては、長く苦しい道のりとなる場合が多い。

どのようにしっかり取り組んでも、日々の変化はごくわずかだ。一日単位、あるいは週単位といった短い期間では、どれくらい機能回復が果たせたのか、どれくらい潜在能力の開花に向かって進んで

263-00714

いるのか、自分自身の歩みを確認するのは容易ではない。あまりにも小さな歩みであるために、「いったい、いつまでやれば、ゴールにたどり着けるのか」といった不安感、「いくらやっても変化がないから、やめてしまおうか」といった失望感に覆われそうになる。

そんなとき、大きな支えになるのが、介護職員、生活支援員、生活相談員など、日常的に利用者と接する機会のある職員の存在だ。利用者の取り組みを常にプラスの視点で評価し、小さな変化を見逃さず、「よかったですね。ここまでできましたよ。本当によく努力されましたね」と敬意の念をもって誉め称える。同時に、喜びを共有する姿勢を示す。こうした姿勢の一つひとつが、利用者にとっては、何物にも代えがたい大きな宝となり、さらなるチャレンジに取り組む勇気と決意と自信をもたらしてくれるのである。

「感激する心」が必要な場面は、残存能力の維持、潜在能力の開発といった場面だけとは限らない。情緒不安状態にある人の側に寄り添い、一声かける。スキンシップを試みる。アイコンタクトをする。さまざまな手法を用いて、利用者に対して「あなたがいてくれるから、働くのが楽しい」というメッセージを送る。プロとして働ける喜びを、言葉や態度など、なんらかの形で示す。利用者にとって、こうした姿勢は大きな支えとなる。生きる喜びにもつながる。「私の存在を喜んでくれる人がここにいる」「私と会うのを楽しみにしてくれる人がいる」という実感を抱くことができるからだ。

「感動する心」は、2つの意味で用いているが、やや特殊な使いかたをしているので注意が必要である。一つは文字どおり、感動することである。いつも接している利用者であっても、同じような状態にある利用者であっても、「学ばせていただく」という姿勢をもち続ければ、それまで知らなかった新たな一面に気づける。新たな発見に対して、心をときめかせ、感動するとの意味で使うのが、一つ目の意味である。

より重要なのは、もう一つの意味だ。これは、特殊な使いかただ。感動は2つの漢字の組み合わせからなる。一つは「感」。これは感覚をとおして知覚することを意味する。つまり「気づく」という意味である。「動」はアクションを起こす。何らかの行動を起こすという意味である。私は、この漢字の組みあわせで成り立つ「感動」を、「プロとして、日々の業務をこなしたり、利用者に接したりするなかで、改善すべき点に気づいたら、躊躇《ちゅうちょ》せず、行動を起こす」との意味で使わせてもらっている。

職場のなかにある問題に関しては、同僚や後輩、先輩、あるいは上司などと相談し、必要な解決策を考えていく。もし、業務をこなすなかで気づいた改善点や問題が、現在の法制度の不備によって生じているものであれば、ソーシャルアクションを起こす。つまり、行政に対して、法制度改正の必要性を訴えていく。一人の力で困難な場合は、法人（事業所）レベルで行動を起こすよう職場に働きかける。介護福祉士会、社会福祉士会に所属している人であれば、これらの組織をとおして、法制度改正の必要性を唱えていく。

こうした意味で用いているのが、もう一つの「感動する心」である。

本物のプロは「謙虚な心」「共感する心」を忘れない

「本当のプロは『謙虚な心』をもっている」。都道府県社協主催の職員研修や各事業所レベルで実施される職場内研修に招かれるたびに、私はこう訴える。

この場合の謙虚さは、2つの意味で用いている。一つは、おごり高ぶった姿勢で高齢者や障害者と接するのではなく、常に学ばせていただく慎ましやかな姿勢で接するとの意味。「食事を食べさせてあげる」「お風呂に入れてあげる」「排泄ケアをしてあげる」「(自立を模索する障害者に対して)どうすれば上手に職業能力が身につくか教えてあげる」「(情緒不安を訴える人に対して)どうすれば落ち着いた生活ができるか指導してあげる」などといった「○○してあげる」方式のケア、すなわち、援助者主導型サービスとの決別を宣言するという意味で用いる。

もう一つは、自己の知識と技術と経験に対して謙虚であれ、との意味だ。プロとして成長し続ける人は、自分がまだ完璧ではないことを知っている。たとえすばらしい成果をあげられる状態に達していても、「まだまだ学ぶべき点がたくさんある」と意欲満々の姿勢を示す。一方〝プロもどき〟の状態にある人の発想は対照的だ。まだプロとして学ぶべき事柄があるのに、完璧だと勘違いし、さらに学ぼうとする意気込みをなくしてしまう。

社会福祉に関連する知識や技術に関して、たとえ十分に知らないことがあったとしても、私は、それ自体を一人の職業人として恥ずかしいことだと思わない。恥ずべき点があるとすれば、知らないことがあるのに、知っている振りを決め込むことだ。知らなければならない点があるのに、知る努力を放棄しまうことである。プロとして飛躍し続ける職員をめざすのであれば、この重要なポイントを忘れてはならない。

「共感する心」とは、常に利用者の視点から考えることだ。利用者の立場に立って、援助する心を指す。日々の業務で利用者に接するたびに、心のなかでこう呟く。「私がいま、この方であれば、どのような接しかたをしてほしいか。どのような支援を望むか」。

言うまでもないことだが、これは共感的援助の実践に向けた第一歩にすぎない。利用者の立場に立つのは「言うは易く行うは難し」だ。気持ちや姿勢だけでは、「共感する心」は、実践できない。利用者の視点からすれば、世界はどうみえるのか、利用者の心の動きはどうなっているのか、学ぶ努力を積み重ねなければ、「共感する心」は画餅《がべい》にすぎない。

認知症の高齢者の場合であれば、共感的な支援ができるようになるために、認知症に関する専門的な知識が必須となる。知的障害や自閉症、精神障害のある人の場合も、同様のことが言える。真の意味で、「共感する心」をもつ職員となるためには、より高度な知識の習得に向けた絶え間ない努力が必要とされているのである。

以上、ここでは、真の意味で高い評価を受ける職業人となるためには何が必要か、具体的なポイントを示させていただいた。ところで、あなたはどうだろうか。「５Ｋの心」に根ざしたサービスが提供できているだろうか。それとも、二の足を踏む状態にあるだろうか。前者の場合であれば、その状態を今後も維持していけばよい。万が一、後者の状態であるならば、本書に目を通したいまこそ、行動開始のときである。「５Ｋの心」に基づくサービスの体現者となるべく、勇往邁進されることを期待している。

文　献

1）Banaji, M.R., Bazerman, M.H. & Chugh, D.：“How（Un）ethical Are You?：Good managers often make unethical decisions-and don’t even know it”. Harvard Business Review, December, 2003, Online Version.

2）新 将命：社外で評価されるのに上司に評価されない場合はどうすべきか．プレジデント，2003年２月３日号，p.52.

3）一番ヶ瀬康子・他：社会福祉基礎．一橋出版，2002.

4）河村隆彦：社会福祉士がもつべき価値と職業倫理（『新社会福祉援助の共通基盤〈上〉』日本社会福祉士会編，pp.70～87），2004.

263-00714

本章で学んだこと

This Chapter's Points

ポイント① 明確な根拠もなく、思いこみや推量で職場のなかで「評価が低い」「認められていない」と嘆くのは、甘えである。

・評価がほしいというのは人間の根源的欲求であるが、評価を得るためには、第三者にもわかる「成果」の提示が不可欠である。

ポイント② どこが職業人として評価されるべき点なのか、つぎの質問を自分に投げかけ、チェックせよ（以下の質問に答えられないのであれば、他者から高評価を受けることは期待できない。「評価が低い」と嘆く前に、評価が受けられる人財となるべく、行動を起こそう）。

・いままで、職場にどのような点で貢献してきたか、明確に示せるものがあるか。
・どのような点で職場のサービス向上に貢献してきたか、明確に示せるか。
・まだ成果や実績といった目にみえるものとはなっていないが、現在、業務改善やサービス向上にむけて取り組んでいる事柄があるか。

ポイント③ 「人は自らの組織への貢献を過大評価する」という罠に陥らないために、自己の力をチェックせよ。

・「組織の発展と業務向上に寄与する福祉職員に求められる能力チェックリスト」を用いて、いま自分が職業人として、どのレベルにあるかチェックせよ。

・不十分な点があれば、その領域の能力向上にむけて、即、行動を起こそう。

ポイント④ 真の意味で利用者に必要とされるプロフェッショナルな福祉職員となるためには、「5Kの心」の習得、その心に基づく実践が欠かせない。

ポイント⑤ 「感謝する心」を軽視するなかれ。この心をどこかに置き忘れてしまえば、驕《おご》りの罠に落ちてしまうからである。

ポイント⑥ 「感激する心」は潜在能力の開発や残存能力の維持に取り組む利用者一人ひとりの小さな変化に気づき、喜びを共有する心を指す。同時に、「あなたに会えてうれしい」との気持ちを利用者に伝え、彼らに生きる意欲と喜びを与えることを指す。

ポイント⑦ 「感動する心」とは、利用者にいま、何が必要か気づき、行動する心を指す。法制度が不備でソーシャルアクションが必要な場合、行動を起こすことを躊躇してはならない。

ポイント⑧ 本物のプロは「謙虚な心」をもっている。自分が完璧ではないことを知っている。プロとして成長し続けるために、知識や技術を磨くことを忘れない職員となろう。

ポイント⑨ 常に、利用者の視点から考える「共感する心」をもって行動する職員をめざそう。

第3章

伸びる人と伸びない人はどこが違うのか
―スマートな発想で6無主義職員との決別を図ろう

How to break the status quo :
the complete guide
to becoming a competent
social / care worker

「伸びる人」と「伸びない人」——その違いはどこにあるか

福祉職場で伸びる人と伸びない人にはどんな違いがあるか。最も顕著な違いは、うまくいかないことや思いどおりにならないことに直面したときの姿勢に表れる。

職業人として伸び続ける人は、うまくいかないことがあっても、現実から目をそらさない。何が業務改善を阻むカベとなっているのか、何が行く手に立ち塞がり目的達成を阻んでいるのか、何が円滑な業務の遂行を妨げているのか、原因を精査し教訓を学ぼうとする。

注目すべきは、その際に彼らがみせる毅然《きぜん》たる態度だ。原因を探ろうとするとき、彼らは、まず自分自身の責任を問う。自分の業務の取り組みかたに問題はなかったか、業務遂行手順に誤りや見直すべき点がなかったか、検証する。その結果、問題が明らかになった場合は、同じミスを繰り返さないようにするための改善策を立案し、実行に移す。周りの職員に大きな責任がある場合であっても、すべての責任を他者に負わせる態度を潔しとしない。まず、自分の責任を問うとの決然たる姿勢を貫く。

伸びない人は〝犯人捜し〟を得意とする

伸びない人の行動パターンは、対照的だ。うまくいかないとの現実から目をそらし、直視しようとしない。目をそらせない状況に追い込まれた場合には、即座に〝犯人捜し〟に走る。うまくいかないのは、すべて他者の責任であるかのような言動を示す。

263-00714

自分はこれまで業務に一生懸命取り組んできたのだから、物事がうまくいかない責任は自分には一切ない。原因があるとすれば、ほかの職員にあるに決まっている。よって、誰が責任を負うべきか、〝犯人捜し〟をするのは当然だという姿勢を示す。

こうした姿勢を示す人は、福祉職員を対象とした研修会の場でもみかける。その例として、ある団体の依頼で、私が講師を引き受けた研修会のひとコマを紹介しよう。研修は高齢者・障害者・子ども福祉の職場で働く中堅クラスの職員を対象としていた。目的は業務改善の理論と実践技法の習得であった。午前中は講義、午後は演習という二部形式の構成で、演習では「何が職場のサービスレベルアップを妨げるカベとなっているか」というテーマについて小グループ単位で話し合ってもらった。

そのなかで数多くあがっていたのが、ほかの職員の存在がカベになっているとの意見、すなわち、うまくいかない原因は他の職員の姿勢にある、との意見であった。たとえば、特別養護老人ホームで働く職員で構成されたグループでは、つぎのような声があがっていた。

「業務の見直しに取りかかろうとすると、必ず『そんなことやってもムリだよ』と出鼻をくじく人がいるので、いつも何もできずに終わる」

「ウチは、上司が現場のことを理解しようとしてくれない。現場で働く私たちのことを理解し、協力しようという姿勢を示してくれないので、私たちもやる気を失ってしまう。結果的に、マンネリにドップリ浸かり、何も改善に取り組めない状況に陥っている」

「介護の方法について利用者から苦情が寄せられたので、フロアの職員で話し合い、別のやり方に変えることにした。でも、あるベテラン職員が『面倒』と不満を漏らし、勝手に前のやり方に戻してしまい、結局、元の木阿弥《もくあみ》になってしまった」

彼らの苛立ちや悔しさは理解できる。どのような職場であっても、他者がよりよき業務の実現を阻む重しになる場合はある。しかし、物事が思うように運ばない原因がすべて他者にあるとは限らない。原因の一部は、組織の一員として働く自分にもある場合が多い。

それなのに、すべてが人のせいであるかのように考える習慣が身についてしまえばどうなるか。プロ意識に欠ける〝伸びない職員〟になりはてかねない。伊勢丹時代にカリスマバイヤーとして名を馳せた藤巻幸夫氏（セブン&アイ生活デザイン研究所社長）の言葉を借りれば、３無主義状態の職業人、すなわち、無気力、無関心、無責任な姿勢にドップリと浸かった職員になる可能性が高くなる（朝日新聞２００５年9月17日朝刊 Be on Saturday「フジマキに聞け」）。

6 無主義職員の罠《わな》にはまるな

私は人のせいにする姿勢と決別できず、低レベルな状態に陥った職員を、**「6無主義職員」**と呼んでいる。これは、藤巻氏が示した3無主義職員に、さらに3つの〝無〟を加えて表現したものだ。具体的には、**①無気力、②無自覚、③無関心、④無芸、⑤無計画、⑥無責任**の状態に陥った職員を指す。

①「無気力」とは、文字どおりやる気がないとの意味。ただ漫然と定型業務を繰り返すだけで、その姿から働く喜びや仕事への意気込みが伝わってこない状態を指す。注意してほしいのは、「やる気あります！」と本人が強く主張するケースだ。どんなに強く主張しようとも、口先だけで行動がともなわない場合は、「無気力」と同等状態とみなすのが大原則である。

②**「無自覚」**とは、社会福祉の専門用語で言えば、自己覚知ができていない、つまり自分自身を客観視できないという意味である。自分のどの点が職業人として素晴らしいのか、長所については客観視できるが、欠点となるとまるっきりダメ。目をそらし直視しようとしない。どの点が職業人として伸びるためには修正すべきなのか、把握できない。自覚しようとする気がない状態を指す。

③**「無関心」**とは、問題意識が欠落した状態を指す。いつもの定型業務をこなすだけで、未達成の課題や未解決の問題に気づこうとする姿勢、あるいは、未対応のニーズを掘り起こそうとする姿勢に欠けるとの意味である。

④**「無芸」**とは、これだけは誰にも負けないと胸を張れる〝何か〟がない状態を指す。プロと呼ぶにふさわしい専門的な知識や技能をもちあわせていないとの意味である。この状態に陥っている人は、プロとしての実績を示せと言われても、とまどいの表情をみせるだけで答えられない。唯一、示せるものがあるとすれば、経験年数の長さという場合が多い。しかしながら、実際にはただ漫然と経験年数を積み重ねただけなので、「それで、プロとして何ができるのですか?」「福祉専門職として働くあなたの売りの部分（高く評価できる部分）は何ですか?」と問われても答えられない。

⑤**「無計画」**とは、行き当たりばったりで、業務に取り組む状態を指す。この状態に陥っている人は、同じミスを繰り返す傾向が強い。理由は2つある。一つは、何かうまくいかないことが生じたとき、何が原因でうまくいかないのかを、精査する姿勢に欠けるからである。もう一つは、原因が特定できたとしても、その後に何も行動を起こさないからである。原因特定後、速やかに改善計画を立案し、実行に移すというプロフェッショナルな業務スタイルが身についていないからである。

⑥**「無責任」**とは、自分の行動に責任をもたない、との意味である。うまくいかないことがあると、

人のせいにするばかりで、自分に落ち度はなかったかや、改めるべきところや反省すべき点がなかったかを、考えようとしないとの意味である。

大切なのは、自分自身が6無主義職員の特徴を示していないか、確認することだ。そのためのシンプルなツールとして、「6無主義職員簡易チェックリスト」を作成した。使いかたは超簡単。自分が6つの項目に当てはまるか否か、○か×で答えるだけだ。

万が一、6無主義職員の特徴を強く示していたとしても、失望する必要はない。チェックリストはあなたを落胆させるために作成したのではない。うまくいかないことがあると、つい人のせいにしてしまう、悪しき習慣との決別を図ってもらうためである。

6無主義職員簡易チェックリスト

使用法　内容に目を通し、「この点は私はできている」「自信をもって、できていると言える」と思う場合は○をつけ、「できていない」あるいは「できていると断言するのは不安だな」という場合は×をつける。

チェック ○×

1―気力・情熱

仕事への情熱を行動で示している（何事にも前向きに取り組んでいる。やる気のない態度をみせることはない。利用者や家族からは言うまでもなく、同僚や職場外の第三者など、誰がみても情熱をもって働いているとの評価が受けられるという自信がある）。

263-00714

2―自己覚知

自分のどこがすばらしいのか「強み」の部分と、どこを改善すべきなのか、どこを修正すべきなのか、どこをさらに伸ばす必要があるのか、「弱み」の部分を把握している（「弱み」の部分を直視し、改善に向けて、あるいはレベルアップに向けて、もうすでに行動を起こしている）。

3―問題意識・目的意識

福祉業界で働くプロとして、自分が取り組まねばならない問題や課題を把握している（どんな目的を達成するためにいま働いているのか、自分自身も理解しているし、他者にも説明できる）。

4―専門的知識・技術

それぞれの職種の専門職として、「これだけは誰にも負けない」という胸を張れる知識や技術をもっている（職場内は言うまでもなく、他の職場で働く同業者から、介護・援助・看護技術などについて「ぜひ教えてほしい」と頼まれる知識や技術がある）。

5―計画的行動

何か物事に取り組むときには、必ず、「何を」「いつからいつまでに」「どのような方法で取り組むのか」考えてから行動を起こす習慣が身についている（行き当たりばったり、なりゆき任せの業務スタイルに陥ることはない）。

6―責任感・職務遂行力・目的達成力

業務をやりっぱなしにせず、必ず、定期的に評価する習慣が身についている（チェックの結果、問題や課題が浮かびあがってきたとき、その原因を安易に他者に求めることはしない。自分の業務の取り組みかたに問題はなかったか、修正すべき点はないか、自己チェックする姿勢を示している）。

判定方法

×の数が多ければ多いほど、6無主義職員に陥っている可能性が高い。

情熱が悪しき行動パターンと決別するエネルギーとなる（※1）

伸びる人と伸びない人との間には、決定的な違いがもう一つある。情熱の有無である。どんな難題であろうとも、やるべきことから逃げない。熱い情熱をもって立ち向かうという姿勢があるか、ないかの違いである。

伸びる人には、一度やると決めたら、何があろうとも必ず達成するとの強い意気込みがある。ＩＢＭを存亡の危機から救った名経営者として知られるルイス・ガースナー氏が指摘するように、自分がかかわっているビジネス活動において、「必ずや成果を収めてやる」という熱い想いがある(文献1)。目標達成のためには、どんな労苦もいとわない、決然たる姿勢を示す。

伸びない人の行動パターンは対照的である。彼らが得意とするのは、定型業務の繰り返しである。これまで行ってきた業務パターンをただ漫然と繰り返すだけだ。現状を見つめ直し、問題や課題がないか、チェックする。改善すべき点が明らかになったら、改善目標を設定し、行動を起こす。プロフェッショナルな職業人に必要とされる、こうした行動パターンが身についていない。ほとばしるような情熱をもって、目標達成に向けてチャレンジするとの姿勢ももちあわせていない。たとえ、現状をチェックし、改善のための目標を掲げていたとしても、２つのパターンで終わるケースが多い。一つは、ただ目標を掲げるだけで、行動がともなわないケース。もう一つは、努力や工夫がなくても達成できそうな、あまりにも低すぎる目標、あるいは職業人として当然やるべき事柄を目標として掲げ、目標達成型の職業人になったと勘違いしているケース。どちらのケースも、職業人として、さらなる

263-00714

成長につながるような目標ではない。熱い想いを必要とする目標とは言えない。

伸びる人が有する情熱とは、プロとして抱く強い責任感から生じるものであり、「職業人として、どうしても達成したい目標がある」という熱い想いを指す。人財育成手法として知られる「コーチング」の第一人者、伊藤 守氏の言葉を借りれば、「情熱は『〜しなければならないこと（have to）』ではなく『〜したいこと（want to）』によってもたらされる」ものである（『週刊ダイヤモンド』２００４年11月27日号59頁・文献2）。「〜したい」という熱い想いが、人を突き動かし、目標達成へと導くのだ。情熱が難題に立ち向かう勇気を生み出す源泉となり、人を目標達成へと導く原動力となるのである。

彼の主張は、福祉の職場で働く人にも当てはまる。私はこれまで数多くの福祉職場の職員育成や業務改善のお手伝いをしてきたが、職業人としてすばらしい成果を収める人たちには、例外なく熱い情熱がある。たとえ大きなハードルがあろうとも、容易にはあきらめない。何とかして、夢を叶えるぞ、というポジティブな姿勢をみせる。

第三者からみれば、なぜそんなに大変なことに取り組もうとするのか、なぜそこまで努力を傾注して夢を達成しようとするのか、理解できないかもしれない。しかし、夢の実現に情熱を燃やす人からすれば、なんら不思議なことではない。情熱を傾け目標達成に向かう行為自体が、大きな喜びであり、高い満足感とやりがいが得られるからだ。

特筆すべきは、情熱をもち続ける人たちには、「〜したい」という明確な目標があるという点だ。はじめは「何かいい仕事をしたい」「このままじゃだめだ」という漠然とした想いからはじまったとしても、そのレベルでは終わらない。「現状打破を図るには、何をすべきか」「どの課題に取り組むべきか」、目標を明確化する作業に余念がない。

目標が明確になれば、達成に向けた道筋がみえてくる。どの課題に対して、いつからいつまでにどのような方法で取り組めば、ゴールにたどり着けるのか、達成度の高いプランが描けるようになる。目標達成型の職業人は、このような取り組みを経て、成長しているのである。

目標達成型職業人となるための秘訣は「スマート」にあり

さあ、ここで確認しよう。熱い情熱をもつ人は、どのようにして達成すべき目標を設定しているのだろうか。実は彼らには大きな共通点がある。彼らの多くが、目標達成型の職業人に求められる「スマート」な発想で、目標を掲げ、達成に向けて行動を起こしているという点だ。

ここでいう「スマート」とは、英和辞書に載っている「賢い」という意味で用いているのではない。もとをたどれば、人財育成にかかわるビジネス分野で産声をあげた表現である。継続的に成長をし続ける職業人の行動パターンを精査してみると、目標設定という項目に関して、5つの共通点があることがわかった。この共通点を示す5つの英単語の頭文字から生まれたのが、**「SMART」**という表現だったのである。

それでは早速、5つの単語を紹介しよう。目標達成型の職業人となるための5つのポイントは、つぎの単語で示されている。

① スペシフィック（Specific）
② メジャラブル（Measurable）

③ アチーバブル（Achievable）
④ リアリスティック（Realistic）
⑤ タイム・リミテッド（Time-limited）

①「スペシフィック」とは、「明確な」という意味だ。つまり、目標を設定する場合には、難解なものや抽象的な表現は避けるべきであり、一目でどんな目標を掲げているのか確認できる、わかりやすい表現で設定すべき、との原則を示す単語である。

何も達成できずに終わる人は、抽象的で中身がわかりづらい目標を掲げる場合がほとんどだ。たとえば、「一人ひとりの利用者にやさしく接する」を目標に掲げた場合、どうだろうか。〝やさしく接する〟の定義はきわめてあいまいである。何をもって〝やさしく接した〟と判断するのか何も示されていない。このような目標を掲げた場合、多くは何も達成できずに終わる。「やさしく接する」に替わる具体的な目標の例としては、「利用者を子ども扱いするような話しかたや命令的・叱責的言葉かけ（『○○してよ』『どうして○○するの？』など）を決して使わない」「利用者から声をかけられた場合、必ず立ち止まり、視線の高さを合わせて、話をするようにする」「忙しいときに声をかけられたとき、『ちょっと待って』ですませるのではなく、立ち止まり即座に対応することを基本とする（どうしてもすぐに対応できない場合、その旨をていねいに説明する）」「情緒不安により何度も同じことを聞いてくる人に対して、無視したり、『さっきも言ったでしょ』といった高飛車な対応をしたりするのは厳禁とする（突き放すのではなく、受容の態度で毎回接する。情緒不安の原因を探り、原因がみつかれば適切な対応を考える）」などが考えられる。

②「メジャラブル」とは、直訳すれば「測定可能な」との意味であるが、この場合はどの状態になれば、あるいはどこまでやれば目標を達成したとするのか、明確な判断基準を示すとの意味で用いられる。もしわかりやすい目安がなければ、達成したと言える状況ではないのに目標達成と誤認し、中途半端な取り組みで終わるとの事態を招きかねない。あるいは、ダラダラと取り組むだけで、いつまでたっても目標が達成できずに終わるという罠に陥る可能性が高くなる。このような事態を避けるためには、測定できる形での目標設定が不可欠となる。

測定できる目標設定をするためのポイントを十分に理解してもらうために、一つの例を紹介しよう。特別養護老人ホームで介護職員として働くAさんは、新たにホームでの生活をはじめられたBさん(84歳、男性、中程度の認知症あり)に対して、よりよきケアの提供を実現するために、「Bさんの日常の行動パターンを把握する」という目標を掲げた。達成の目安は、「Bさんの一日の生活の様子を一か月間、可能な限り綿密に記す。そのうえで、集めたデータを分析し、典型的な行動パターンを類型化する。それを、一か月以内に文章として整理し、他の職員の前で発表する」とした。

測定可能な目安を示したうえで目標を掲げたので、ほぼ予定通りに達成できた。ダラダラと取り組んでしまい、いつまでたっても目にみえる成果がでないという罠に落ちずにすんだのである。

③「アチーバブル」は、「達成可能か」との意味である。どんなにすばらしい目標であっても、夢物語では意味はない。目標は掲げるためにあるのではなく、達成するためにある。職場の現状や自分自身のおかれている状況を考えれば、到底達成不可能なものである場合、それを目標として掲げるのはナンセンスだ。失敗経験を積み重ね、自信を失うか、どうせやっても無駄とあきらめの境地に陥るだけだ。大切なのは、目標を掲げて、行動を起こし、確実に成果をあげることである。たとえ小さな目

6 無主義議員の罠にはまらず
SMART実践の目標達成型職業人となれ

263-00714

標であっても、達成によって手にする成功体験の積み重ねが、「やればできる」という自信と希望を与えてくれる。より大きな目標達成に向けて行動を起こす原動力となるのである。

④「リアリスティック」とは「現実的か」との意味である。私たちは万能の神ではない。頭に思い浮かんだ目標をすべて一気に達成しようと意気込んでも、成功の可能性は低い。着実な成果を収めていくには、どの目標から取りかかるか、優先順位の設定が大切である。その際に遵守すべき大原則は、緊急性があり、なおかつ短期間に達成可能なものから取りかかるという点だ。先の項目で示したとおり、小さな成功体験の積み重ねが、さらなる飛躍の原動力になるからである。

⑤「タイム・リミテッド」とは、「時間には限りがある」との意味である。どんな目標を掲げるにせよ、いつからいつまでに達成するのか、明確な時間設定が不可欠である。これを忘れてしまうと先送りされてしまい、いつまでたっても達成できずに終わる。決められた時間内に必要な業務をこなしていく力はプロフェッショナルな職業人には不可欠のスキルだ。目標を掲げる場合にも、時間内に達成するという原則を忘れてはならない。

これらのポイントを踏まえたうえで、職業人として取り組む目標設定にトライしてほしい。継続的にすばらしい成果をあげ続ける真の意味でSmart（賢い）な職業人となるために、いざ行動を起こそう。

文　献

1）ルイス・V・ガースナー：巨象も踊る．日本経済新聞社，2002．

2）伊藤守：コーチ・トゥエンティワン伊藤守のエグゼブティブコーチング；エグゼクティブの原動力は好きなことに向かう情熱 第12回．週刊ダイヤモンド，2004年11月27日号，p.59)．

※１　「情熱が悪しき行動パターンと決別するするエネルギーとなる」以降の記述は、『介護人財育成』（日総研出版）に記した拙文、「マンネリ打破の仕事術：どうすれば継続的に成果をあげ続ける職業人になれるか一要注目、目標達成型職業人はSMARTな発想をする！」（2005年２月号，Vol.２，No.２，pp.60～65）を加除筆修正したものである。

This Chapter's Points

本章で学んだこと

ポイント① 「伸びる職員」と「伸びない職員」の違いを把握せよ（伸びる職員は、うまくいかないことがあっても、現実から目をそらさない。伸びない職員は、現実を直視しようとしない、うまくいかないことがあると人のせいにする傾向が強い）。

ポイント② 伸びない状態を放置すれば、①無気力、②無自覚、③無関心、④無芸、⑤無計画、⑥無責任な思考・行動パターンを示す6無主義職員に成り果てる可能性が高い。

ポイント③ 伸びる職員となるために、「スマート（SMART）」な発想で仕事を行う目標達成型の職業人をめざそう。

263-00714

第4章

サービス向上を図るには“出る杭”職員の出現が欠かせない

―“出る杭”は打たれておしまいではない、打たれて強くなるのだ

How to break the status quo : the complete guide to becoming a competent social / care worker

職場内の〝常識〟を見直し、問題点を指摘する職員をめざせ
―中堅職員向け研修で伝えた、福祉専門職の役割と使命

数年前の秋のことだ。某県社会福祉協議会研修センターが主催する研修会の講師をお引き受けした。対象者は、社会福祉事業所で働く中堅職員の皆さんだ。研修は二部制で実施された。午前中は講義形式、午後は演習形式であった。

午前中は、「福祉職場で働く中堅職員の役割と使命」とのテーマで話をした。プロとしてどうあるべきか、どのような行動が求められるのか、最新の福祉動向を踏まえながら説明した。主なポイントはつぎの４点だ。

①職場のなかに染みついた〝常識〟を客観的な視点から見直してみる（本当にいまのままでよいのか、心のなかでつぶやきながら、一つひとつの業務を点検する）。

②改善すべき点や問題点が明らかになったら、それを会議や打ち合わせの場などで指摘する（立ち話や休憩時間のうわさ話に終わらせない。そのレベルで終われば、ただ問題を指摘するだけか、問題の原因をある特定の職員に押しつける〝犯人捜し〟に終わるからだ）。

③改善点や問題点を指摘する場合には、なぜ改善する必要があるのか、その理由や具体的根拠を示しながら、ていねいに説明する（単なる思いつきや勢い、あるいは不満のはけ口として、改善点や問題点をあげつらっているのではないことを他の職員に伝える）。

④他の職員から、その場ですぐに賛同が得られなかったとしても、すぐにあきらめない（改善すべ

263-00714

き点だと確信するのであれば、自分がまず改善を率先する。問題だと指摘する低レベルな業務と決別する姿勢を示す)。

午後の演習では小グループにわかれてもらい、「どのようにして自分たちの職場のなかにある問題を解決するか」を話し合ってもらった。その間、私は会場内をグルグル歩き回らせていただいた。討論の進捗状況を確認したり、午前中の講演に対する質疑応答を行ったりするためである。

出る杭は打たれます！ とのメッセージは何を意味するのか

あるグループの前を通りかかったときのことだ。30代半ばくらいの男性参加者(介護職、特別養護老人ホーム勤務)が、私を呼び止めた。

「先生、すみません。午前中の話では、問題点に気づいたら職場内でそれを指摘し、改善に向けて行動するのが職員の使命だと言われました。でも、そんなことするとウチの職場では大変なことになります。出る杭は打たれますから…」

彼の発言を聞いた他の参加者も、「そうです、そうです。下手なこと言ったら打たれます」と相槌を打つ。彼らがみせる困り果てた表情から、「黙ってちゃダメだって言うのはわかるけれど、実際には行動が起こせない」というやるせない思いが伝わってくる。

彼らの気持ちはよくわかる。福祉職場の運営体制は千差万別だ。必ずしも、最新の福祉理念や高邁な価値観に根ざした、すばらしいリーダーシップのもとで運営されているとは限らない。部下の声に耳を傾けぬワンマン型経営で運営される職場が残念ながら存在するという現実がある。このような職場では、改善すべき点や達成すべき課題を提案しても、耳障りな意見として却下されたり、握りつぶされたりするケースが少なくない。

他方、トップがお飾り状態でリーダーシップ不在の組織も存在する。この種の職場では、一部のボス的振る舞いをする職員が仲良しグループを結成し、組織を牛耳ってしまう場合がある。彼らには、自分たちが楽できる、低レベルな業務スタイルを他の職員にも押しつけようとする特徴がある。彼らの機嫌を損ねる言動をすると手痛い目にあう。自分たちに脅威を及ぼす〝危険分子〟とみなされ、仲間外れにされたり、あからさまに無視されたりする。些細なミスでも彼らにかかれば大事になる。ここぞとばかりに責め立てられ、居づらい立場に追い込まれる。

福祉職場に存在するこんな悲しい現実が、人を後ろ向きな姿勢へと誘う。下手に問題点を指摘して職場内で苦しい立場に立たされるよりも、沈黙を貫き現状に安住していたいとの誘惑に駆られてしまうのである。

「打たれるから沈黙する」との判断は危険である

彼らがつらく苦しい立場に置かれていることは理解できる。が、私のスタンスは明確だ。どんな職場環境であっても、「出る杭は打たれるから、余計なことをするのはやめておこう」とあきらめるのは危険な選択である。

「どうせ何を言ったって無駄だ」「どうせ何も変わりゃしない」と決めつけ、あきらめてしまえば、それこそジ・エンドだ。何も変わらぬ時代遅れの職場になりはててしまう。失望のエネルギーは強大だ。人を悪しき道に落とし入れる。冷静に考えれば、「このやり方は正しくない」とわかることがわからなくなる。人から感性を奪い、判断力を鈍らせ、悪しき方向に導く。気づいたときには、低レベルなケアの旗振り役に成り果て、つぎのような悪しき業務行動パターンを示すようになる。

・利用者への言動が指示的・威圧的・命令的になる。
・自分の思いどおりに動いてくれない利用者に対して、「何やってるの。そっちじゃないって言ったでしょ！」などと、相手の非を責める叱責的対応をとるようになる。
・排泄ケアや入浴ケア、あるいは着替えなどの場面で、利用者の尊厳やプライバシーにお構いなしの介助を行う（他者の目に触れるかたちで丸見えの介助を行う）。
・職場内で決められたルールを守らない。
・利用者のペースを無視した食事介助を行う。
・ひやりはっと報告書や事故報告書に記さねばならない出来事が起こっても、記さずに隠そうとする。
・自分の意見や考えに異を唱える人を敵対視する（自分の意見や考えに問題がなかったか、あるいは、意見や考えの示しかたに問題はなかったか振り返ることは一切せず、反対論を唱える相手がわるいと決めつける。どこの世界でも自分の意見がすべて受け入れられるとは限らないのに、少しでも反対されると、「一方的に否定された」「理解が足りない」と相手を否定的にみる）。
・利用者にいかに満足していただけるかよりも、いかに自分が楽をするかを最優先する。

・利用者に自分の感情をぶつける、あるいは感情丸出しで利用者に接する（認知症や重い障害のために、利用者が思いどおりに動いてくれないとき、力ずくで対応したり、「何やってんのよ。そうじゃないって言ったでしょ！」などと、乱暴な言葉づかいで対応したりする）。

あなたを低レベルな職員に落とし入れる「不完全燃焼症候群」に気をつけろ

これらの行為は決して許されるべきものでない。この点については、あえて指摘するまでもなかろう。ただし、重要なポイントを見落としてはならない。たとえ現在では低レベルなケアの旗振り役のようにみえる人たちであっても、最初からそのような態度で働いていたわけではないという点だ。

福祉職場にはじめて就職したとき、彼らの心のなかは、夢と希望と期待で満ちあふれていた。「援助を必要とする人たちに本当に必要とされる介護職員になりたい」「一人ひとりのニーズや思いに応えられる職員になりたい」などと、熱い思いで胸を躍らせていたはずだ。

そんな彼らを、恐ろしい〝病《やまい》〟が襲う。才能あふれる人を低レベルな職員へとおとしめる病、**「不完全燃焼症候群」**だ。ちなみに命名者は私である。その恐ろしさを初めて紹介したのは、拙著『施設職員実践マニュアルーインフォームドコンセントに基づいた利用者主体の援助プログラムの勧め』（文献1）である。この〝病〟は一見すると、「燃え尽き症候群」に似ているが、症状面で大きな違いがある。不完全燃焼症候群の場合は、燃え尽きずに不完全燃焼状態に陥る点である。自分だけの問題にとどまらず、職場に悪影響をもたらすケースがきわめて多い点である。

典型的なパターンは、つぎのとおりだ。やりたいことがあるのに、思うように取り組めずストレスがたまる。辛労辛苦が重なるばかりで達成感が得られない。燃え尽きず、くすぶり続け、やがて恐ろしい症状を示しはじめる。職場内に低レベルなケアという名の〝有毒ガス〟をまき散らす行為である。

その威力は絶大だ。他の職員のプロ意識や問題意識をいとも簡単に麻痺させる。最悪の場合は、職場全体を著しい業務低下状態に落とし入れてしまう。このような特徴を示せば、「不完全燃焼症候群」が職場とそこで働く職員、さらには利用者一人ひとりにとって、いかに怖い存在であるか、理解できよう。「不完全燃焼症候群」がどのようなプロセスで、夢と希望と才能あふれる職員の力を奪い取っていくか。その一連の流れを示したのが、**図**である。

第1プロセスは、福祉職場への就職。夢と希望に満ちた記念すべき第一歩だ。この段階では、職場のなかに恐ろしい落とし穴が待ち受けていようとは誰も想像していない。第2は驚きととまどいだ。利用者本位サービスの理念やエンパワメント、権利擁護といった観点からかけ離れたケアの実態に気づくプロセスだ。第3は、葛藤である。「このままじゃまずい」「変えなければ」との思いと、「でも変えられない」という現実との間で、悶々とする。やがて失望感に苛まれる4番目のプロセスに陥る。そして、いよいよ第5プロセスに突入する。就職当初、疑問に思っていたわるいやり方に染まってしまい、低レベルな業務の旗振り役になる。続く第6プロセスにおけるチョイスが、「職場を去る」であれば、傷口はこれ以上、広がらずにすむ。利用者に対する弊害は最小限のレベルで食い止められる。

問題は〝居座る〟を選択した場合だ。わるいやり方に染まったまま居座るかたちになれば、他の職員に対して、低レベルな業務の〝お手本〟を示し続けることになる。彼らを「不完全燃焼症候群」へと誘う悪しき存在になる可能性が高い。気がつけば、ほぼ全員が、この〝病〟に罹り、きわめてレベルの低い福祉職場に成り果ててしまう。そんな恐怖のシナリオが待ち受けているのである。

図　不完全燃焼症候群プロセス※1

プロセス1

夢と希望に満ちて就職する

↓

プロセス2

理想と現実のギャップに気づきとまどう

↓

プロセス3

現状を変えたい自分と変えられない自分との間で葛藤する

↓

プロセス4

ギャップが埋められず失望感に苛まれる

↓

プロセス5

「なんだこのやり方は！」と就職当初は憤りを感じていた
業務パターンに自分自身も染まりはじめる

↓

プロセス6-1

職場を去る

または

プロセス6-2

染まったまま
職場内に居座る

263-00714

出でよ、真の「出る杭」！
——時代はあなたの出現を待っている

では、どうすれば「不完全燃焼症候群」の魔手から逃れられるか。そのためには、真の「出る杭」になるという強い決意が必要だ。真の「出る杭」とは、どんな労苦が待ち受けていようとも、サービス向上に向けて努力し続ける人財になるのだと固く心に誓い、行動を起こす人のことを指す。

職場内で多少の反発のエネルギーを受けても、決してひるまない。「出る杭は打たれて強くなるんだ」と自分自身に言い聞かせ、どんなに大きなカベが行く手を遮ろうとも、「恐れず、ひるまず、逃げ出さず」の精神で、立ち向かっていく。そんな職員をめざすと固く心に誓う。

そうすれば、つぎのステップに進める。最善のサービスを提供し続ける職業人となるための、業務遂行姿勢の習得である。その姿勢とは**「6つのC」**、すなわち、つぎに示す6つの英単語で説明できる。

①チェンジ（Change）：現状に安住するのではなく、常に変化をリードするという強い意識をもつ。

よりよきサービスの実現に向けて、変革を推進すること。これは、どんな業界で働いていようとも、求められる姿勢である。福祉の業界でも、現状に安住するのではなく、よりよきサービスの実現に向けて行動する人が求められている。

②チャレンジ（Challenge）：チャレンジを生きがいとする。

263-00714

「出る杭」として、変化を実現する人は、チャレンジ精神が旺盛だ。たとえ大きな困難が待ち受けていようとも、容易にあきらめはしない。「大変だからこそやりがいがある仕事なんだ」と前向きな姿勢で取り組む強さと粘りをあわせもつ。

③チャンス（Chance）：難局に直面してもピンチととらえるのではなく、チャンスととらえる。

福祉業界も、いまやサービスの質が厳しく問われる時代になった。第三者機関によるサービス評価システムや苦情解決システムの整備拡充など、サービスの質を保障するためのさまざまなシステムが導入、整備される時代となってきた。こんな時代の到来は、福祉業界で働く者にとって、ピンチを意味するのではない。むしろチャンス到来を意味する。レベルの高いサービス提供に寄与すれば、高く評価される。そんな時代がいま、幕を開けようとしている。時代の変化をチャンスととらえ、改善に向けて行動を起こす。そんな姿勢が求められているのである。

④カレッジ（Courage）：周りに流されない勇気をもつ。

カレッジとは勇気を指す。ここでは、周りに流されない勇気、悪しき取り組みに「ノー」と言う勇気との意味で用いている。何が正しいのか、何がプロとして求められるのか、みきわめる目をもち、必要なときには、ノーと意思表示する。利用者本位の思想から逸脱した行為には、断固たる姿勢で異を唱える。そんな勇気ある人がいま、求められているのである。

⑤コミットメント（Commitment）：プロとして必ずや達成しようとする明確な目標（必達目標）を掲げて働く。

コミットメントとは必達目標を指す。「かならず実現するぞ」と固く心に誓う目標という意味だ。本書のなかで何度も訴えているが、大切なことなので、ここで声高に訴えたい。目標設定はきわめて大事だ。目標設定は、周りに流されたり、易《やす》きに流されたりするのを防ぐ効果があるからだ。自分がいま、プロとして何のために働くのか、そのためにいま何をすることが求められるのか、明確な指針があれば周りに流され低レベルな業務に陥る可能性は低くなる。「あなたは、どんな目標を達成するために働いているのか」。いつこの質問を投げかけられても答えられる職員をめざそう。

⑥コンピテンス（Competence）：能力アップに向けて努力を惜しまない。

すばらしい成果を生み出す職業人となるためには、能力開発に向けた日々の努力が欠かせない。たとえ、もうすでに介護福祉士や社会福祉士などの国家資格をもっていたとしても、それは職業人としてゴールにたどり着いたことを意味するのではない。プロフェッショナルな職業人として第一歩を踏み出せることを示す証にすぎない。

大切なのは、プロとしてのキャリアに責任をもつのは自分自身だ、という強いプロ意識をもち続けること。そして、自己の能力向上に向けて努力邁進することである。職業人として、さらなる成長を果たすために、福祉系専門誌を定期購読したり、各種団体が主催する研修会に積極的に参加したりする。プロとして必要とされる本当の力は、現場でただ経験を積むだけでは習得できない。新たな知識や技術の習得に向けた不断の努力の積み重ねが不可欠である。時間がない、忙しいを言い訳にせず、常に学び続ける。そんな職業人がいま、求められているのである。

これら「6つのC」は、私がこれまで福祉業界で出会った職員のなかで、キラリと

文　献

1）久田則夫：施設職員実践マニュアル―インフォームドコンセントに基づいた利用者主体の援助プログラムの勧め．学苑社，1996．

※1　図は上記文献p.67に掲載された図4「不完全燃焼症候群への道」を加筆修正のうえ作成し直したものである．

光るすばらしい成果をおさめる人たちの行動特性を分析し、整理したものである。

レベルアップをはたしている職業人は、苦しい状況に直面しようとも、逃げ出したり、あきらめたりしない。「6つのC」に根ざしたプロ意識あふれる姿勢で業務に当たっている。周りに流されることなく、利用者本位サービスの実現に向けて、着実に前へ進んでいる。「不完全燃焼症候群」の呪縛にとらわれず、利用者本位サービスの担い手として働く人となるために、さあ、あなたも「6つのC」を実践する職員をめざそう。

This Chapter's Points

本章で学んだこと

ポイント① 出る杭は打たれるから沈黙を貫くとの後ろ向きな姿勢を示す人は、不適切なケアに染まる低レベルな職員になりやすい。

ポイント② 「6つのC」（Change・Challenge・Chance・Courage・Commitment・Competence）を実践し、利用者本位サービスの担い手となろう。

263-00714

第5章

レベルダウンをもたらす“パラサイト職員”の蔓延を阻止せよ

―その知られざる特徴を把握し、増殖防止に着手しよう

How to break the status quo : the complete guide to becoming a competent social / care worker

レベルが高い職場は、個人ブランド力の高い職員が大勢を占める

ダメな職場を見分けるポイントはたくさんあるが、最も信頼できる指標の一つは職員の質である。レベルが高い職場は、サービス向上や業務改善に貢献できる有能な職員が占める割合が大きい。昨今ビジネス界で頻繁に用いられるようになった表現を借りるならば、個人ブランド力が高い職員が数多く存在する。

この点は、個人ブランド力という表現の提唱者の1人である佐藤　満氏（佐藤満国際経営・農業研究所社長）の主張と見事に符号する。彼は、企業のブランド力や業績は、いかに多くの個人ブランド力が高い社員を有しているか否かで決まると主張している（『日経ビジネスアソシエ』２００４年6月1日号31頁・文献1）。

個人ブランド力の高い人が職場内で必要とされるのは言うまでもない。重要なのは、彼らが誰からもその価値が高く評価される傑出した「何か」をもっているという点である。

その優れた「何か」こそ、個人ブランド力を構成する重要な能力だ。私は、それをつぎの7つに整理している。

①プロとして一目置かれるハイレベルな知識や技術を有するのは言うまでもなく、さらに上をめざして研鑽《けんさん》を欠かさない「知識・技術探求力」がある。

②さまざまな専門職や同僚などと協力して業務をこなす「チームワーク力」がある。

263-00714

③経験を漫然と積み重ねるのではなく、日々の業務を振り返り検証する「自省力」がある。
④この人ならついていける、信頼できると周りの人を引きつける「人望力」がある。
⑤たとえ難題であろうとも、利用者の生活の質の向上を左右する重大事である場合は、あきらめず、くじけず、投げ出さずに挑む「チャレンジ力」がある。
⑥明確な目標を立て、達成に向けて行動する「計画的行動力」がある。
⑦ビジョンを示し、組織をよき方向へと引っ張る「リーダーシップ力」がある。

低空飛行状態の職場では〝パラサイト職員〟と〝オイソガ氏職員〟が跳《ちょう》梁《りょう》跋《ばっ》扈《こ》する

つぎに、ケアレベルが低下した職場の特徴を示そう。これらの職場では、個人ブランド力が高い職員の存在はごくわずかだ。大勢を占めるのは、職場にレベルダウンをもたらす職員のみなさんである。私はこうした特徴をもつ職員を**〝パラサイト職員〟**と呼んでいる。

彼らは、ほかの職場で通用するようなハイレベルな知識・技術・経験など、ほとんどもち合わせていない。得意なのは業務低下をもたらすことなので、現在の職場にパラサイト（寄生）し居座るしか選択肢がない。これが、彼らを〝パラサイト職員〟と呼ぶ理由である。

263-00714

〝パラサイト職員〟の特徴

興味深いのは、〝パラサイト職員〟が、個人ブランド力の高い職員とは全く正反対の特徴を示している点だ。その特徴は、つぎのように整理できる。

①経験年数はある程度あるが、プロとして誇れる知識や技術がない。

②「手抜きの業務」や「レベルの低い実践」など、自分と同じ業務スタイルを共有してくれる職員とは仲よくするが、そうでない職員は排除したり無視したりして仲間外れにする（チームワークを乱すのが得意）。

③同じパターンの業務を、何の疑問ももたないまま検証もせず、繰り返すだけの日々を送っている（ミスを犯しても認めようとしないし、反省もしない）。

④低レベルな業務しかできないのでプロ意識の高い職員からの人望はないが、「楽をしたい」「手抜きをしたい」と考える職員からは熱烈な支持を受けている（手抜き大好き職員を引きつける強大なパワーがある）。

⑤やらねばならないことがあっても、「忙しいから無理」「時間がないから無理」と否定的な見解を示す（あるいは、「いまのままでいいじゃないか」と抵抗してやろうとしない）。

⑥職業人として何のために働くのか明確な目標などなく、行き当たりばったりの業務をこなすだけの状態になっている。

⑦いま、福祉がどんな方向に変わろうとしているのか、どんなサービスが求められる時代になったのか、理解していない（後輩や同僚にビジョンを示せないし、職場をよい方向に変えるリーダーシップも発揮できない）。

〝パラサイト職員〟に特有の行動パターン

これらが〝パラサイト職員〟の基本的特徴であるが、つぎのような特有の行動パターンを示す場合が多いので、ぜひ注目してほしい。

①評論家的な言動が目立つ

このタイプの人は他者の行動を評論するばかりで、自分の行動や仕事ぶりを振り返ったり、検証したりしない。直接援助職である場合、実践が大切なのに、動くのは口ばかりという特徴がある。実践面では戦力にはならないのだが、口だけは立つので、上司や同僚から苦言をうけても、理論整然と反撃しうまくかわしてしまうケースが少なくない。

たしかに彼らは口は立つが、きちんと勉強したうえで発言しているわけではない。裏づけのない主張や意見を、あたかも立派な理論に根ざした発言のようにみせているだけ。あるいは、付け焼き刃程度の知識なのに、勉強しているふりをして発言しているだけ。有能な上司であれば、すぐに喝破できるのだが、勉強不足の上司は見抜けない。結果的に、彼らをのさばらせてしまう。

②すべてを悟ったような楽隠居的言動を示す

まだ引退したわけではないのに、「若いみなさんでがんばってください」などと、ご隠居さん的な言動を繰り返す。福祉職場の場合、職業人として発展途上の30代あるいは40代の職員であっても、楽隠居的な態度を示す人は多い。まだまだ未熟な点があるのに、あるいは学ぶべきコトがあるのに、それを認めようとせずすべてを悟ったような態度を示す。ある程度の経験年数があるだけに影響力は強い。ほかの職員のやる気を奪ったり、職場全体の活気が失われたりする。

③「自分は仕事ができる」「いつもきちんと仕事をやっている」と自信満々であるが、実際には基本的な業務さえもこなせない

たいした仕事をやっているわけではないのに、自分だけは「素晴らしい仕事をやっている」と自己陶酔状態に陥っているナルシスト職員。実際にはやるべき仕事をやっていないのでほかの職員がカバーせざるをえなくなっている。でも、本人はその事実に気づかない。第三者が問題点を指摘しても、認めようとしない。

④やるべきことをやらず、それを指摘されても平気で開き直る

この特徴を示す人は〝パラサイト職員〟のなかでもトップクラスに入る難攻不落の強者である。会議などで業務の見直しが決まっても守ろうとしない。自分が楽できる業務スタイルに執着し、ほかのやり方を受け入れない。上司が注意しても効果はなし。「できないことはできません」「私なりにちゃんと仕事していますよ」「そんなに文句を言うのなら自分でやればいいじゃないですか」などと、ありとあらゆる「開き直り語」を駆使する。相手の追求をかわし、最終的に相手があきらめるまで徹底抗戦する。

⑤うまくいかないことがあるとすべて人のせいにする

263-00714

このタイプの人は、うまくいかないことや思いどおりにならないことがあると、すべてを人のせいにしようとする特徴を示す。自分もチーム（あるいは組織）のメンバーとしてかかわっていた仕事であれば、うまくいかない原因や責任の一端は自分にもある可能性があるのに、それを一切認めようとしない。自分の業務を振り返り検証するという姿勢が身についてないので、同じミスを繰り返し、職員としての力量がいつまでたっても伸びないという特徴も示す。

⑥主体的に行動せず、いつも〝指示待ち〟の消極的な姿勢をみせる

自発的な行動が不得意で、新たなことには人の指示がなければ動こうとしない。新しいアイデアを出したり、自分でいろんなことに気づき、率先して行動したりできない。指示がなければ動こうとしないのが最大の特徴だが、たとえ指示を受けたとしても、職務遂行に必要な基本的能力が不足しているために、そのとおりに動くことさえできないケースが少なくない。

⑦八方美人的な行動パターンを示す

このタイプの職員は利用者にどうみられるか、どう評価されているかなどといったことよりも、他の職員にどう思われているかといったことばかりに心を奪われている。力のある職員に極端に媚びへつらう傾向が強い場合は、ヨイショ・ヘーコラ職員とも呼べる。この種の職員は、周りの職員（力のある職員）から評価されるため、あるいはかわいがられるためであれば、たとえ利用者本位とは対極にある低レベルな働きかたであっても、平気で行うという特性を示す。

⑧驕《おご》りに満ちた行動を示す

実際には力が不十分なのに、「もう何でも知っている」「学ぶべきものはない」との態度を示す。このタイプの行動は、楽隠居的行動に似ているようにみえるが、実際には大きな違いがある。それは、きわめて尊大な態度を示す傾向が強いこと。ときには暴君のように振る舞うので、気の弱い職員からは一目置かれる。やがて現場の実権を掌握し、傍若無人な行動を堂々ととりはじめる場合もある。

⑨利用者本位サービスの実現に向けて努力する人に対して、強い嫉妬心を示す

成果を出そうとする人、利用者に貢献しようとする人、あるいは実際にすばらしい成果を収めている人に嫉妬し、邪魔しようとする。

⑩とにかく忙しそうに走り回る

「忙しい」が口癖で、別に忙しくないときであっても、さも忙しそうに職場内を飛び回る。心理的に負担の少ない仕事、あるいは利用者から離れて行う仕事を優先する傾向が強い。利用者の心のケアを重視する職員が利用者に寄り添って支援していると、「忙しいときに遊んでないでよ」とプレッシャーをかける場合がある。

〝パラサイト職員〟の一類型である〝オイソガ氏職員〟の存在に気をつけろ

パラサイト職員の数ある類型のなかでも、とくに注目してほしいのは、最後に紹介した「⑩とにかく忙しそうに走り回る」職員の存在である。私は彼らを**〝オイソガ氏職員〟**と呼ぶことにしている。彼らが職場にもたらす影響は甚大である。職場全体を自分たちのペースに巻き込む強大な力をもつ。レベル低下をもたらす最も大きな要因となる存在であるので、ここでは、彼らの特徴をさらに詳しく紹介したい。

263-00714

〝オイソガ氏職員〟が重視するのは、「利用者にいかに満足していただけるか」ではない。「いかに仕事を早くすませるか」だ。この点がとりわけ際立つのは、直接介助の場面だ。排泄ケアであれ、食事介助であれ、着替えであれ、移動であれ、はたまた、入浴サービスであれ、まるで時間との勝負と言わんばかりの、もの凄いスピードで仕事をする。

彼らが多数派を占める職場は、こんな特徴を示すようなる。

・利用者が多数集まっている場所（たとえばラウンジルーム）に職員の姿はほとんどみあたらず、利用者から離れたところで雑用をこなしている職員の姿が目立つ。
・利用者への声のかけかたは、個人に対するものではなく、「みんな元気？」と利用者の側を通り過ぎながら、集団に話しかけるようなスタイルが大半を占める。
・職員の表情に余裕がなく、その姿からピリピリとした雰囲気が伝わってくる。
・食事介助や移動介助などの場面で、利用者を急《せ》かすような言動が目立つ。
・利用者のペースに合わせながら介護することよりも、いかに早く介護業務を完了させるかが重視されている。

私は〝オイソガ氏職員〟が示すこうした行動パターンを、**「オイソガ氏症候群」**と呼んでいる。これはきわめて厄介な〝病《やまい》〟だ。ひとたび罹患すると、いかに忙しく働いているかのように振る舞うか、いかに定型業務を早くこなすかを重視する業務スタイルに陥る。

明らかにレベル低下に陥っているのに、本人に自覚症状はない。注意をしても、「時間内に業務を終わらせて何がわるいのか」と食ってかかる。時間内に終わることを注意しているのではなく、業務の優先順位を間違っていたり、雑務に専念するばかりに利用者がほったらかしになったりしている状況を注意しているのに、それが理解できなくなる。

管理職も油断をすれば「オイソガ氏症候群」の毒牙にかかる

「オイソガ氏症候群」にはさまざまな特徴がある。注目すべきは、誰が最初に発症したのか、特定がきわめて困難だという点だ。気がついたときには職場全体に蔓延し、多くの職員が症状を示す。〝病〟に倒れるのは、最前線で働く直接援助職員だけとは限らない。どの職階、どの職種であっても、罹患する可能性がある。

トップをはじめとした管理職クラスが「オイソガ氏症候群」の症状を示すようになった場合、職場が受ける被害は甚大だ。サービスレベルが地に落ち、取り返しのつかない事態まで悪化する。

リーダーシップ論の論客であるハイケ・ブルック氏（セント・ガレン大学、スイス）とスマントラ・ゴシャール氏（ロンドン・スクール・オブ・エコノミクス教授）は、２００４年に刊行した『ア・バイアス・フォー・アクション』（A Bias for Action）のなかで、管理職のうち約40％の人は、これみよがしのスタイルで忙しく熱狂的に仕事に取り組むが、よい成果をあげるどころか、職場に多くの苦難をもたらすばかりだと問題点を指摘（文献２）する。

ただがむしゃらに仕事に従事する上司は、忙しく動きまわること自体に喜びを感じる自己陶酔的業務スタイルに陥る傾向が強い。目先の業務しか眼中になく、業務の重要度をみきわめ、優先順位をつけたうえで仕事に取り組む計画的な行動がとれない。これまでの業務を振り返り、客観的な視点から評価や検証をするのも不得意だ。

263-00714

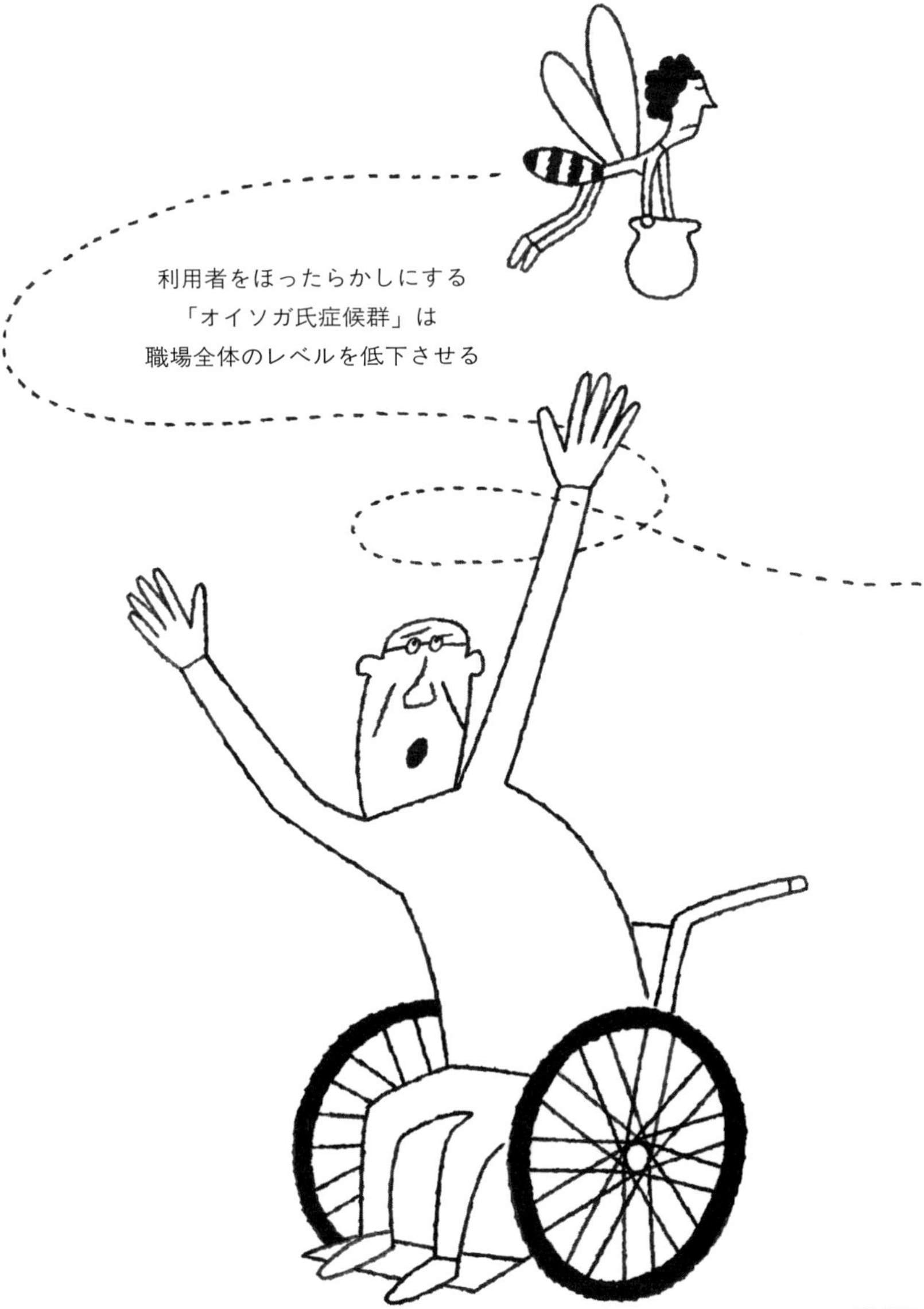
利用者をほったらかしにする
「オイソガ氏症候群」は
職場全体のレベルを低下させる

263-00714

その結果、問題や課題が放置され、業績は急降下しはじめる。ゴーシャルらは、「オイソガ氏症候群」に陥った管理職は、業績低下や社員の士気低下など、組織に甚大なる被害をもたらすと強い警告を発している。

管理職に端を発した「オイソガ氏症候群」であろうと、最前線のスタッフからはじまったものであろうと、治療の決め手は早期発見、早期対応だ。重症化する前に治療に取りかかれば、完治する確率が格段に高くなるからだ。

〝オゴリスト職員〟の恐怖

〝パラサイト職員〟が示す行動パターンに陥っている人のなかで、さらに注目してもらいたい人たちがいる。「⑧驕りに満ちた行動を示す」人たちである。

彼らは、文字どおり驕りや慢心の境地に陥った人たちだ。自分の仕事ぶりを振り返ったとき、実際には利用者に対してすばらしい成果をもたらしているとは言えない部分があるのに、「完璧だ」「非の打ちところがないない」などと思いこんでいる。〝パラサイト職員〟の典型的な一類型である彼らのことを、私は**〝オゴリスト職員〟**と呼んでいる。

彼らの最も危険な側面は、客観的にみれば十分な成果が出せていないにもかかわらず、自分自身は「利用者のためにいい仕事ができている」「利用者のために一生懸命頑張っている」と堅く信じている点だ。一生懸命働くとの気持ちはとても大切だ。しかしながら、一生懸命働くという決意表明の前に添えられた「利用者のために」とのフレーズには、注意が必要だ。「利用者のために」との思いはときとして、人を思わぬ方向へと導く場合があるからだ。
「私は支援を必要とする人のために一生懸命働いてきたのだから、利用者や家族から感謝の言葉を受けるのは当然だ」という思いを、知らず知らずのうちに心に抱いてしまう危険性がある。意図的ではないものの、心のどこかに、驕りともいえる感情を抱いてしまう場合がある。〝オゴリスト職員〟に成り果てた人は、そんな思いにとらわれてしまい、利用者や家族から感謝の言葉をもらうのは当然のことだと思うようになる。

もちろん、私は、利用者や家族から感謝の言葉をいただいてはならないと唱えているのではない。彼らから「ありがとう」という言葉をいただくのは、福祉の職場で働く者にとって、何物にも代えがたい大きな喜びになる。「あなたがいるから、うれしいよ」「あなたがいてくれるから、デイサービスにくること楽しみにしているんだよ」などと声をかけられれば、職業人として大きな喜びを実感できるし、励みにもなる。

ただし、利用者や家族から示される謝意について、大原則を確認せねばならない。それは、あくまでも、彼らが自発的に示すものであり、サービス提供に携わる者が要求するものではない。

利用者からプラスの評価だけを求める姿勢に陥れば、驕りの罠へと落ちていく

福祉の最前線を見渡すと、残念ながら、この当たり前の原則を忘れてしまう人がいる。「何かしてもらったら、『ありがとう』ってお礼を言うのは当たり前じゃないですか」と、利用者に謝意を要求する

ような姿勢を示す人をみかけることがある。さすがに利用者に面と向かって謝意を要求する姿はみかけないが、職員間の会話からは、こんな声が漏れ聞こえてくる。

「誰だって日常生活のなかで、何か人にしてもらったら、『ありがとう』とお礼を述べてもらえるのに、利用者や家族のなかにはお礼どころか、私たちが一生懸命やっていることに、ケチをつけたり文句を言ったりする人がいて、ホントもうイヤになっちゃう」

一見、説得力のある主張のように聞こえるが、この手の考えは危険だ。なぜなら、利用者から謝意を求める心理に陥った職員は、知らず知らずのうちに、プラスの評価しか期待しなくなってしまうからだ。

求めるのは、「すばらしい介助であった」「ありがたいアドバイスだった」「気が利く対応だった」などの高評価であり、マイナスの評価など毛頭期待していない。自分にとって都合のよい評価しか求めていないので、いざマイナス評価を受けると逆上したり、反発したりする。「こんなに世話してあげたのに、何だその態度は！」「感謝の言葉の一つくらい言ってくれたってよいでしょ！」などと強い反発心を抱くようになる。ときには、苛立ちが、利用者に対する乱暴な態度というかたちで表出する場合もある。これがまさに驕りの心理に陥った職員の最も恐ろしい一面である。

もし本当に、プロとして評価を期待するのであれば、プラスの評価も、マイナスの評価もどちらもありうる点を忘れるべきではない。さらには、プロとして行った業務が何をもって評価されるか、厳しい現実も受けとめねばならない。

プロとして受ける評価の最も重要なポイントは、職員が一生懸命がんばったかどうかではない。プロとして手抜きせず、一生懸命働くのは至極当然のことであり、ことさらに評価すべき項目とは言え

263-00714

ない。大切なのはがんばって仕事を行い、利用者に満足していただけるサービスがどれくらい提供できたか、である。どの利用者のどんなニーズを満たすために、どのような場面で、どんなサービスを提供し、どれくらい利用者から満足いただける成果を残せたか、が問われているのである。

介護の現場で職員として働いていれば、利用者から高い評価を受けることもあれば、低い評価に甘んじることもある。プロとして利用者から受ける評価はいつもよいものとは限らない。厳しい評価、あるいはクレームなどといったかたちで、辛い経験をすることさえある。報酬をもらいプロとして働くのであるから、たとえ厳しい評価であっても、謙虚に受け止める姿勢が求められるのだ。もちろん不当な評価の場合は、反論する権利はある。しかし、逆上したり、頭ごなしに否定したりする態度は許されない。「なぜ誤解されたのか」「なぜ不当な評価を受けたのか」について原因を探り、冷静に対応することが求められているのである。

〝オゴリスト職員〟の存在は福祉業界の専売特許ではない

〝オゴリスト職員〟は、どこの業界にも存在する。百貨店、スーパー、ホテル業、自動車販売業、飲食店など、人に直接サービスや商品を提供する職場でも、彼らが闊歩する場合がある。

彼らの存在に対して強い警告を発するのは、スーパー業界の雄、鈴木敏文氏（ＩＹグループＣＥＯ：最高経営責任者）である。彼は、『プレジデント』（２００４年3月29日号）誌上にて、「お客様のために一生懸命がんばる」という姿勢から生じる問題点をこう解説（文献3）する。社員が「お客様のために」という表現を使う場合、自分の過去の経験を「当然、正しいもの」「非の打ちどころがないもの」

と美化したり、正当化したりしているケースが多い。自分は、お客様のことを思い正しいことをしているとの思いこみが強いため、その努力が報われないとき、たとえば仕入れた商品が不評で売れないとき、あるいは接客が不適切だと苦情がでたとき、とたんに態度を豹変させる。「最近の客は商品を見る目がない」とか、「一生懸命接客したのに文句ばかり言う」などといった〝オゴリスト社員〟の行動パターンを示すという。

では、どうすればこの罠から脱出できるか。鈴木氏は発想の転換を訴える。「顧客のために」との思いを封印し、「顧客の立場で」という考えで業務を行う。福祉の援助技術で言えば、「共感的視点」の大切さを訴えたのである。

鈴木氏の指摘は、非常に重要だ。〝オゴリスト職員〟は、業界を問わず「お客様に学ぶ」「利用者に学ぶ」という姿勢を忘れた職業人が、共通に陥ってしまう罠なのだ。その呪縛から逃れるためには、常に利用者の立場に立ち、彼ら一人ひとりから何が必要か、どうすればよいか「学ばせていただく」という気持ちをもち続ける職業人であることが必要だとの点が明らかになったのである。

増殖阻止の決め手は早期対応にあり

これまで、〝パラサイト職員〟とその類型である〝オイソガ氏職員〟、さらには〝オゴリスト職員〟の典型的特徴・行動特性を示した。つづいて、彼らの最も恐ろしい一面について言及しよう。それは、増殖力の強さである。何の手立ても講じずに放置すれば、オイソガ氏状態に陥ったり、驕りの気持ちに支配された職員が一気に増殖する。彼らが重視するのは、「いかに楽をするか」である。プロとしての使命感に欠ける職員、問題意識の低い職員、あるいは仕事に疲れ気味で「楽をしたいな」と思いはじめた職員は格好の餌食だ。あっという間に仲間に引きずり込まれてしまう。増殖を重ねて、職場内で大勢を占める集団に急成長したら一大事だ。仲間に入らない職員にプレッシャーをかけたり、嫌がらせをしたりする傍若無人な行動を取りはじめる。こうなると、たとえトップであろうとも容易には太刀打ちできない。難攻不落の職員集団、すなわち、「パラサイト職員軍団」（あるいは「オイソガ氏職員軍団」「オゴリスト職員軍団」）ができあがってしまう。

さて、あなたの職場はどうだろうか。業務低下をもたらす〝パラサイト職員〟が大勢を占める職場になっていないだろうか。彼らの力は絶大である。放置すると増殖を繰り返し、救済不能な状態まで職場のレベルを下げてしまう。

増殖防止には自己チェックが欠かせない。自分自身あるいは自分たちの職場がどくれらい〝パラサイト職員〟の危険性にさらされているか、厳しい視点でチェックする。そのうえで、必要な対応策を講じる。これが増殖防止の基本的戦略だ。

〝パラサイト職員〟蔓延阻止のキーポイント

〝パラサイト職員〟については、先に紹介した特徴や行動特性を自分が示していないか、厳しい視点で点検する。その結果、万が一自分が〝パラサイト職員〟の特徴を示している場合、決別に向けて行動を起こす。

つづいて、職場環境のチェックに取りかかる。あなたの職場が、どれくらい〝パラサイト職員〟が増殖しやすい環境にあるかチェックする。その際に用いるのは「パラサイト職員増殖可能性チェックリスト」である。

使いかたは簡単だ。チェックリストの各項目に対して、「はい」「いいえ」で回答する。「はい」の場合は、○をつける。「いいえ」の場合は×をつける。「はい」の数が多ければ多いほど、あなたの職場は〝パラサイト職員〟が増殖する可能性が高い。「いいえ」の数が多ければ、〝パラサイト職員〟が蔓延する可能性は低く、彼らの発生が食い止められやすい職場環境を示している。

「はい」が多い結果となっても、失望するなかれ。チェックの目的は失望させるためではない。現状を直視していただくためである。改善の第一歩は現状直視からはじまる。結果を恐れず、チェックにとりかかるべし。

パラサイト職員増殖可能性チェックリスト

チェック ○×

①過去3年間を振り返って（開設後3年未満の職場は、開設してから現在までを振り返って）、自分の職場のどこがどれくらいよくなったのか、第三者に明確に説明できない。

②何が自分の職場のウリなのかわからない（どこがほかの同タイプの福祉事業所・施設と比べてすぐれているのか説明できない）。

③何か行動しなければならない事態（改善に取り組まねばならない事態）が生じても、職員から即座に「忙しいから無理」「時間がないからできない」といった否定的な声があがり、結局、何もせずに終わる（あるいは行動を起こしても中途半端で終わる）ことが多い。

④職員間で利用者や家族をマイナス視するような発言が目立つ（利用者の行動を「わがまま」「勝手なことをする」などと一方的にマイナス視する発言がある。何か要望を出す家族に対して、「だったら自分で面倒みればいいのに」「人に預けておいて身勝手な要望が多い」などといった発言がある）。

⑤利用者に不適切な言動を示す職員がいるのに誰も注意しない（「注意しても無駄だ」という雰囲気が職場内で大勢を占め、何もせずに放置している）。

⑥感情を丸出しにしながら働く職員がいる（不機嫌そうな表情で利用者に対応する職員がいるのに誰も注意をしない）。

⑦「この人はすばらしいセンスをもっているな」と思わせる職員が長続きしないですぐにやめてしまう傾向にある。

⑧会議で決まったことを守らない職員がいる（そのような態度を示す職員が放置されている）。

⑨一生懸命働いても、いい加減に働いても、評価は同じという失望感が職場内を覆っている。

⑩トップが何を考えているかわからない（現場で何が起きているのか理解していない）。

チェックの結果、半分以上が「はい」である場合、あなたの職場はもうすでに多くの職員が〝パラサイト職員〟化している可能性が高い。すぐにでも行動を起こさなければ、彼らの増殖は止められない。

増殖をくい止めるには地道な行動が必要だ。チェックリストで「はい」と答えた項目をリストアップし、明らかになった一つひとつの問題点に対して、具体的な改善策を講じていく。その際にはつぎの7点に留意する。①「どの問題・課題に取り組むのか」、②「なぜそれに取り組むのか、なぜ取り組む必要があるのか」、③「いつからいつまでに取り組むのか」、④「だれが中心となって取り組むのか」、⑤「どんな方法で取り組むのか」。⑥計画立案後は、「行動」を開始し、⑦「進捗状況を定期的にチェック」する。

重要なのは、これらの基本を忠実に守り、問題解決に取り組むこと。時間はかかるかもしれないが、あきらめは禁物だ。どんなに大変であろうとも、「あきらめない」「投げ出さない」「逃げ出さない」の精神で、さあ、パラサイト職員増殖防止策に取りかかろう。

〝オイソガ氏職員〟蔓延阻止のキーポイント

〝オイソガ氏職員〟に関しては、つぎに示す「オイソガ氏症候群簡易チェックリスト」を用いて、自己チェックを試みよう。

オイソガ氏症候群簡易チェックリスト（Version 2.0）

使用法 「私はどちらかというと、○○のような気がする」という視点から、つぎの質問項目について、「はい」の場合は○、「いいえ」の場合は×をチェック欄に書き入れてください。

	チェック ○×
①勤務中の態度が、いかにも忙しそう（忙しく動きまわる必要がない場面なのに、忙しく動きまわってしまう傾向が強い）。	
②利用者から、何か声をかけられると、「ちょっと待ってね」「後でね」と対応してしまうケースが多い。	
③利用者から声をかけられても、足を止めず歩きながら応対するケースが多い。	
④自分の目が届かない所で働いている職員に対して、「さぼっているのではないか」とつい勘ぐってしまう。	
⑤食事介助、入浴介助などの直接介助の業務に関して、いかに満足度の高いサービスを提供するかよりも、いかに早くすませるかを優先してしまっている。	
⑥移動、着替え、食事、入浴などの援助に携わるとき、思い通りに動いてくれない利用者がいると、口調がきつくなったり、冷たい態度を示したりしてしまう。	
⑦精神的に負担感の少ない業務を一人でたくさん抱え込み、負担感の強い業務をやらずにすませる状況をつくり出そうとする（他の職員がこなせない業務ではないのに、一人で抱え込み、忙しそうにふるまおうとする）。	
⑧十分なケース記録（業務日誌、宿直日誌）が書けていないが、「忙しいから仕方ない」「時間がないから仕方ない」と、その状況を容認してしまっている。	
⑨退勤時に、利用者一人ひとりが今日どんな様子でいたか、どんな一日を過ごされていたか、思い出せない場合が多い。	
⑩利用者の側に寄り添い、心のケアをしている同僚や後輩をみると、「こんなに忙しいときに利用者と遊んでいる！」「仕事そっちのけで休んでいる」とつい思ってしまう（利用者とじっくりとかかわりをもとうとすると、他の職員から「遊んでいる！」と指摘されるかもしれないので、利用者から離れて行う雑務を優先してしまう）。	
⑪対応が困難な行動を示す利用者への支援（対応）を避けるような態度をとっているが、「忙しいから仕方ない」「下手にかかわると時間ばかりかかって大変だ」などと、自分の行動を正当化する傾向にある。	

⑫勤務に入る前に、今日はどのような業務を、どのような手順や方法で、どれくらいの時間をかけてやるかを考える計画的な業務スタイルが身についていない。

⑬「これまでの業務を見直してみよう」「現在の業務に何か問題がないかチェックしてみよう」との提案があると、「なぜ見直さなくてはいけないのか？」と強い抵抗感を抱いてしまう。

⑭利用者の当たり前の意見や要望などを、「わがまま」「自分勝手」などと否定的に判断してしまうことが多い。

⑮利用者本位サービスという言葉は知っているが、それが具体的に何を意味しているか、どんな業務スタイルを要求するものなのか、実はよく理解していない（その意味を説明せよと言われても、説明できない）。

簡易判定表

○が12個以上：重度のオイソガ氏症候群
○が8～11個以内：中度のオイソガ氏症候群
○が4～7個以内：軽度のオイソガ氏症候群
○が1～3個以内：きわめて軽いオイソガ氏症候群

注：判定表はあくまでも目安である。一つのチェックがつくだけでも、利用者に対して多大な迷惑をかけているケースがあるので、油断禁物である。

オイソガ氏症候群根治に向けた5つの取り組み

つづいて、「オイソガ氏症候群」根治に向けた具体的方法を紹介する。つぎに示す5つの取り組みに着手し、あなたの職場を、「オイソガ氏症候群」の魔の手から救い出そう。

①福祉の職場で働く職員として共有すべき価値観を確認する

「オイソガ氏症候群」に陥った職場には、共通の問題点がある。福祉職場の職員としてどのような価値観を職場全体で共有すべきなのか、明確なルールが示されていないという点だ。治療に向けた第一歩は、この点の修正からはじまる。

もしあなたの職場に、援助観、人間観、障害観、高齢者観など、プロとしてどのような価値観をもって働くべきか明確なルールが存在しないのであれば、即、行動が必要だ。最新の福祉の理念、社会福祉士会や介護福祉士会などが掲げる倫理綱領に記されている、プロとしてもつべき価値に関する定義などを参考にして、職場のなかで共有すべき価値観を明文化する作業に取りかかる。それが終われば、つぎのステップだ。価値観に基づく行動を徹底するよう職員に指示を出していく。

②業務内容をリストアップし、優先順位をつける

「オイソガ氏症候群」の症状が職員間に蔓延する職場では、どのような業務を優先するのか、明確な基準が示されていない。そのため、職員にとって負担感の少ない、易《やす》き仕事が優先されるという特徴がある。

この点を解決するためには、職員として行う業務をリストアップし、最新の権利擁護や福祉系専門職員として共有すべき価値観・理念を念頭に置きながら、優先順位を明確にする作業が不可欠である。同時に、どのような場面にどう行動するのか、具体的な指針を示すようにする。そうすれば、実際の現場のなかで、どのような動きをすることが求められるのか、職員たちの共通認識をより一層強固なものとすることができる。優先順位の確認がかけ声だけで終わるという失態を回避できる。

③時間がないと決めつけず、どうすればつくり出せるかタイムマネジメントの発想をもつ

時間は「ない」と決めつければ、いくらあっても足りなくなる。大切なのは、〝時間はつくり出すもの〟という発想だ。

時間を生み出すには、自分の日常の業務を振り返り、無駄な時間がないか、利用者とのかかわりに生かせる時間がないかチェックする作業が欠かせない。それでも時間がみつからない場合は、どうすれば時間が有効に使えるかさまざまな工夫にチャレンジする。

④あらかじめ計画を立てて行動する習慣を身につける

時間を有効に使う人になるためには、計画的な行動スタイルの習得が不可欠だ。始業時間の前に、一日の取り組むべき業務をリストアップし、それぞれの業務に、どのような手順や方法で取り組んでいくか考える。どうすれば、本来優先すべき業務であるはずの、利用者の心のケアに従事する時間が確保できるか。この点を重視しながら、その日一日の業務計画を立てるようにする。

計画を立てて行動できるようになれば、時間に追われる日々から、うまく時間を使いこなす日々への転換を図ることができる。ただし、計画を事前に立てて行動するのは、「一度立てた計画に固執せよ」との意味ではない。状況によっては変更可だ。あらかじめ計画を立てて行動するのは、不測の事態が生じたときにも、焦らず柔軟に対応できるようになるためである。無計画のなかで不測の事態が起これば、パニックになり焦るだけ。最悪の事態を招くケースもあるので要注意だ。

⑤オイソガ氏症候群にみられる特有の行動、すなわち、利用者への対応を後回しにするような低レベルなケアは容認しないとのルールを職場全体で確認し、徹底する

「オイソガ氏症候群」をあなたの職場から撃退したいのであれば、強い決意が必要だ。精神的に楽な仕事を優先し、利用者をほったらかしにするような業務スタイルとの決別を職場全体で確認する。徹底を図るためには、主任、係長、課長、施設長など、人財を育てる責務を担う立場にある職員の奮起が必要だ。ルールを守らない職員がいる場合、躊躇《ちゅうちょ》せずに注意する。行動を改めるよう指示を出す。

263-00714

注意せずにほったらかしにしてしまえば、易きに流れたほうがましだとの雰囲気が職場全体に広がるからである。

ただし、注意する場合には留意すべき点がある。たとえ相手に非があろうとも、頭ごなしに叱ったり見捨てたりするかのような発言を浴びせるのは厳禁だ。「こうすればよい方向に変われる」とよき職員となるための指針を示し、立ち直るチャンスを与えよう。

上司の仕事は、よき方向へと進むための道筋を示し、多くのチャンスを与えることだ。大変な仕事かもしれないが、「オイソガ氏症候群」を一掃し、よき人財が育つ職場とするためには、上司であるあなたの強いリーダーシップと忍耐力、そして、人を育てるとの強い決意が求められているのである。

〝オゴリスト職員〟蔓延阻止のキーポイント

最後に、〝オゴリスト職員〟蔓延防止策を紹介しよう。第一ステップは、自分が〝オゴリスト〟の特徴を示していないか、厳しい現実と向きあうこと。日々の業務を振り返り、彼ら特有の行動パターンを示していないか、自己チェックする。「たくさん当てはまった」としても失望するなかれ。その思いから自己改革の第一歩がはじまる。「〝オゴリスト〟なんて私には関係ない」という態度からは、何の改善もはじまりはしない。つぎに示すオゴリスト職員簡易チェックリストに思い当たる点がないか、チェックしてみよう。

オゴリスト職員簡易チェックリスト

使用法　「私はどちらかというと、○○のような気がする」という視点から、つぎの質問項目について、「はい」の場合は○、「いいえ」の場合は×をチェック欄に書き入れてください。

	チェック ○×
①プロとして、もう学ぶことはないと思っている（まだ学ぶべきことがあるのはわかっているが、実際に足りない知識や技術を習得しようとする行動は起こしていない）。	
②仕事をしていてわからないことがあっても、後できちんと調べたり、確認したりしない（わからないことがあっても、知らないままに終わっている場合が多い）。	
③自分が職員として行っている業務は、完璧で非の打ちどころがないと思っている（日々の業務を振り返り、改善すべき点を見出そうと試みることはほとんどない）。	
④職場のなかに解決すべき問題があっても、それに対応するのは上司（あるいは他の職員）の仕事であり、問題解決に取り組む責任が自分にあるとは思わない。	
⑤利用者や家族から意見、要望、苦情などが出されると、「こんなにやってあげてるのに！」との思いが脳裏をよぎり、ムッとすることがある。	
⑥他の職員から業務の見直しや改善などについて意見を出されると、自分のこれまでの取り組みを否定されたように感じる（提案内容を吟味する前に、あるいは提案者の話に十分に耳を傾ける前に、つい否定的なコメントや態度を示してしまう）。	
⑦業務をうまくこなせないことを指摘されると、たとえそれが事実であっても、「私なりにがんばったのに」「私なりに一生懸命やったのに」と反発心を抱いてしまう。	
⑧利用者に対して、威圧的、命令的、指示的言動を用いることが多い。	
⑨行動障害や周辺症状という専門用語があるのは知っているが、具体的にどういう意味なのか説明できないし、どう対応するのがプロなのか知らない。	

263-00714

⑩「私がもし利用者であれば、そんな対応されたら許さないだろうな」あるいは「私がもし家族で自分の大切な人が、そんな対応されたら許さないだろうな」と思うような対応（介護）を、利用者にしてしまう場合がある。

簡易判定表

○が0の場合：オゴリストの可能性はきわめて低い
○が1～3個以内：軽度のオゴリスト
○が4～6個以内：中度のオゴリスト
○が7個以上：重度のオゴリストで職場のサービスレベルを大きく低下させている可能性が高い

注：判定表はあくまでも目安である。1つのチェックがつくだけでも、オゴリストとしてサービスのレベルダウンをもたらしている可能性があるので、油断禁物である。

つぎに取り組むのが、プロとして身につけるべき援助姿勢の確認である。その際に参考にすべきは、先に紹介した鈴木敏文氏の重大なコメントである。彼はこう主張する。「顧客のために」というときには、自分の過去の経験を美化したり正当化したりするケースが多い。大切なのは、顧客のためにという姿勢と決別すること。妥協せず徹底的に顧客の立場で考える姿勢への転換を決意し、行動を起こすこと。そして、「過去の経験にとらわれてはいけないこと、自分のやりかたを変えなければならないことにかならず気づきます」との見解を示している（『プレジデント』２００４年3月29日号51頁）。

鈴木氏が主張しているのは、共感の大切さだ。どんなときも、利用者の視点に立って物事をみる。利用者の立場に立ってどうすればよいか考える。その大切さを訴えているのである。

真の意味で利用者の立場に立てる職員となるためには、利用者に学ばせていただくという視点が欠かせない。利用者の何げない発言や行動から意思や希望などを読み取ろうとする努力を積み重ねる。どんなに経験年数を積もうとも、その姿勢をもち続けることが必要となる。

ただし、第2章で「共感する心」の説明の際に強調したように、単に相手の立場に立とうとする〝思い〟や姿勢だけでは、本当の共感的視点に基づく支援は実現できない。

目的を達するには、プロと呼ぶにふさわしい十分な知識の習得が不可欠となる。具体的には、認知症、知的障害、自閉症、精神疾患などのメカニズムや支援の方法に関する専門的知識の習得が、共感的支援を実現する前提条件となる。十分な知識がなければ、利用者の視点からみると、彼らを取り巻く諸環境がどうみえるか、職員の動きがどうみえるのか、職員が発する言葉がどう受け止められるのか、理解できないからだ。どのようなことで困っているのか、どのようなことを辛く苦しいと感じているのか、どのようなことが彼らの生活の質を低下させる原因となっているのか、把握できないからである。

共感的な視点に基づく支援は、ただ気持ちの切り替えさえすれば、誰でも簡単にできるようになるという代物ではない。現状に甘んじることなく、常に知識や技術を磨き続けるプロフェッショナルな取り組みが不可欠だということを肝に銘じねばならない。

この重要なポイントを押さえたうえで、さあ、本物のプロとして努力邁進していこう。まずやるべきことは、〝オゴリスト〟的思考スタイルや行動パターンとの決別である。同時に、プロとして必要とされる知識や技術の

文　献

1）柳生譲治・他：実践セルフブランディング 特集1 自分の名前で仕事する社員になる！．日経ビジネスアソシエ,2004年6月1日号,pp.28～43．

2）Brunch,H. & Ghoshal,S.：A Bias for Action―How Effective Managers Harness Their Willpower,Achieve Results,and Stop Wasting Time.Harvard Business School Press,2004（ハイケ・ブルック・スマントラ・ゴシャール：意志力革命目的達成への行動プログラム．ランダムハウス講談社,2005）

3）勝見 明：選ばれる営業、捨てられる営業．プレジデント，2004年3月29日号，pp.48～57．

263-00714

習得に向けて行動を起こす。長く険しい道になるかもしれないが、あきらめは禁物だ。強い意志と決意があれば、きっと実現できる。共感的視点で援助する本物プロとなるために、一歩一歩確実に前に進んでいこう。

263-00714

本章で学んだこと

This Chapter's Points

ポイント① パラサイト職員は、あなたの職場に業務低下をもたらす。つぎの3つのステップで、増殖防止を図ろう。

【ステップ①】まず読者であるあなたが、〝パラサイト職員〟の特徴を示していないか、自己チェックする。

【ステップ②】組織に〝パラサイト職員〟が増殖しやすい要因がないか「パラサイト職員増殖可能性チェックリスト」を用いて点検する。

【ステップ③】問題や課題が明らかになったら、増殖防止策を作成し実行するという一連の具体的アクションに着手する。

ポイント② オイソガ氏症候群の恐怖からあなたの職場を解放するために3つの取り組みにチャレンジしよう。

【チャレンジⅠ】オイソガ氏症候群がどのような悲劇を職場や職員にもたらすか正確な知識をもち、職場全体で危機感を共有せよ。

オイソガ氏症候群の症状を示すのは最前線の職員だけではない。管理職もその毒牙にかかるケースがある。誰もがその症状を示すことがあり、その結果、低レベルなケアに陥る危険性があるという危機感を共有しよう。

【チャレンジⅡ】オイソガ氏症候群の〝症状〟を示していないか自己チェックせよ。

仕事への取り組みかたや援助の方法などに問題などがみられた場合は、即、解決に向けた行動を起こそう。大切なのは、自分と向きあうこと。現実から逃げずに、解決に向けた行動を起こすとの強い決意をもつことである。

【チャレンジⅢ】必ずオイソガ氏症候群を治療してやるとの強い決意で、行動を起こそう。

行動を起こす際の主なポイントはつぎの5点だ。①職場全体で職員として共有すべき価値観を確認する、②業務内容をリストアップし、優先順位を明確化する、③時間をうまく使いこなす術を身につける、④事前に計画を立てて行動する習慣をつける、⑤低レベルなケアは容認しないとのルールを職場全体で確認し、徹底する。これらのポイントを押さえて、確実に前に進んでいこう。そうすれば、必ずやあなたの職場は、オイソガ氏症候群の魔の手から逃れることができる。

ポイント③　オゴリスト職員の罠に陥らぬようにするために留意すべきこと

【留意事項Ⅰ】あなたに対する利用者の評価はプラスの場合も、マイナスの場合もありうる。どちらの評価であっても、謙虚に受けとめるのが、プロの基本姿勢であることを肝に銘じる。

【留意事項Ⅱ】本物のプロとして評価されるポイントは、がんばったか否かではない。がんばって仕事を行い、どれくらい利用者に満足していただけるサービスがどれくらい提供できたか、である。この点を重視す

263-00714

る職員となろう。

【留意事項Ⅲ】誰もが油断するとオゴリストの罠に陥る。自分は関係ないと決めつけず、オゴリストに特有の行動パターンを示していないか、定期的にチェックせよ。

【留意事項Ⅳ】どんなにプロとして経験を積もうとも、常に利用者の視点に立って援助するという共感的な姿勢を忘れない援助者であり続ける。

263-00714

第6章

人脈は困ったときにあなたを救う命綱になる

—ワンランク上のプロになるために、ヒューマンネットワークの拡大に努めよう

How to break the status quo : the complete guide to becoming a competent social / care worker

ストレスマネジメント研修の場で学んだこと

福祉の職場で働く人と意見交換する機会をもつたびに痛感させられることがある。彼らの多くが、さまざまな悩みや問題を抱えながら働いているという点だ。

数年前の秋、講師を引き受けたストレスマネジメントに関する研修会でも、この点が確認できた。研修は二部構成で実施された。午前中は「ストレスとどう向きあうか」をテーマとした講演。午後は演習（グループディスカッション）が行われた。

演習テーマは、「私がストレスに感じること」。介護職、看護職、あるいは、相談援助職として日々働くなかで、ストレスと感じる事柄や出来事について自由に話し合ってもらった。討論終了後、各グループでどのような事柄が彼らに強いストレスを与えるものとして示されたか、発表してもらった。各グループがストレス要因としてあげた事柄は、つぎのように7つの類型に整理できた。

ストレス要因の類型

1―他職種の職員との人間関係、チームワークに関するもの

他職種の職員との信頼関係がうまく築けず悩んでいる。介護職員と看護職員の意見が対立し、業務に支障をきたしている。

263-00714

2―トップや上司の姿勢に関するもの

トップダウンが強く、何か提案しても、すぐにつぶされてしまう。逆に、トップや上司の考えや指示があいまいでリーダーシップを発揮してくれないので、現場が混乱しているとの声もあがっていた。

3―職務満足（Job-satisfaction：仕事に対する満足感）に関するもの

やりたいことがあるのに、やらせてもらえない。もっとよい仕事ができるのに、横並びの業務を要求され、もてる力をフルに発揮できない。仕事から達成感が得られず、悶々としている。

4―勤務評定、業務評価に関するもの

上司が自分のことを正当に評価してくれない。過小評価に悩んでいる。思ったような業務評価が得られず、モチベーションが低下している。

5―マンネリに関するもの

日々同じことの繰り返しで変化がないことがストレスになっている。現状に流されるだけで、ドップリとマンネリに浸かっている。定型業務を繰り返すだけなら、誰だってできる、私でなくてもできる仕事だと考えると、職業人として成長が止まってしまったようで、大きな不安にかられる。

6―各部署のリーダーとしての職務（とりわけ職員育成、指導）に関するもの

新たに主任のポストについたが、うまく役割が果たせず悩んでいる。後輩をどう指導したらよいのかわからず、悩んでいる。年上の部下で頻繁にミスを繰り返す人がいるのだが、どう注意すればよいかわからず、悩んでいる。利用者に対して不適切な対応をする職員がおり、注意したいのだが、言い返されるのが怖くて注意できない。

7―利用者に対する支援方法・介護方法に関するもの

どう対応したらよいのかわからない利用者がおり、その人の存在が大きなストレスになっている。認知症にともなう周辺症状を示す利用者にどう接すればよいのかわからず悩んでいる。

注目すべきは、多くの参加者が、これらのストレス要因について「職場内に腹を割って相談できる人がいない」と訴えていた点である。高齢者デイサービスセンターで働く男性は、「業務にかかわる事柄であれば職場の同僚や上司と話はするけれど、悩みとなると話せる人がいない」と胸のうちを語ってくれた。

特別養護老人ホームで介護職員として働く女性は、自らの経験をやや興奮気味に吐露した。

「えっ、職場内での悩みの相談ですか？　はい。以前は同僚や上司に、気軽に何でも相談していました。でも、いまは絶対にできません。だって、あるとき、直属の上司に職場内の人間関係について相談したところ、その内容がほかの職員に知れわたってしまい、みんなから『上司にチクった』『陰口を言った』などと批判され、総すかんを食らうというとんでもない経験をしたからです」

老人保健施設で生活相談員として働く男性は、「誰にも相談なんてできません。結局、自分で解決するしかないんですよ」と半ばあきらめ顔で語る。

解決の糸口がみえず、つい弱音を吐きたくなる彼らの気持ちはよくわかる。が、あきらめは禁物だ。強いストレスを生み出す状況が放置されてしまえば、サービスレベルの著しい低下がもたらされかねないからである。

職業人としての悩み解決には、職場外の人脈拡大が欠かせない

では、どうすればこの状況を打ち破れるか。起死回生策としてみなさんにお薦めしたいのは、職場外の人脈をフル活用した取り組みである。他の職場で働く同業者との人的ネットワークを築き、悩み

や問題を語り合える場を確保する方法である。

そのためには、人脈づくりに、自分の時間を費やすことを惜しまないとの決意が不可欠になる。介護職や看護職として働く人の場合、職務時間内に他の職場にいる人と何らかのかたちで知りあい、ネットワークを広げる機会を得るのは容易ではなく、人脈づくりを目的とした活動は、基本的には自分の時間を使った私的取り組みとならざるを得ないからだ。

このように記すと、きわめて大きな負担が要求されるかのように聞こえるかもしれない。「そんな時間はない」「日々の業務をこなすだけで精一杯だ」などといった理由をあげ、尻込みしたくなる人がいるかもしれない。そんな人たちに、この場を借りて伝えたい。

人脈獲得への負担は、その効果を考えれば決して過大なものではない。職能団体の活動や介護に関する勉強会・研究会等に参加する場合、負担は週単位あるいは月単位で生じはしない。数か月に1回くらいの割合で会合に参加する程度の負担ですむ。活動に積極的に参加し人望が集まり、所属する団体の役職に就くといった変化が生じた場合は、多少の負担増はありうる。でもそれは、職業人として自分の力が認められたとの証左であり、悲嘆すべき事柄でない。社会的認知があがるのであるから、多少の負担増もおそらくペイするであろう。何はともあれ、これらの点は、人脈づくりの初期段階で心配すべき事柄ではない。本当にそうなった場合に考えればよいことだ。

大切なのは、少しばかり自分の時間を費やす必要性が生じるからといって、人脈づくりを躊躇《ちゅうちょ》するのは得策ではないという点だ。なぜなら職場外で働く同業者たちとの語らいの機会が、ストレスあふれる福祉職場で働く人たちにとって、最良のリフレッシュの場になりうるからである。モチベーションを高めたり、よりよきサービスのヒントを得たりする場になりうるからである。

これらの点は、先に紹介したストレスマネジメント研修会でも確認できた。午後の演習で、参加者のみなさんには、「私がストレスに感じること」というテーマで話し合ってもらった。開始当初、会場内にはピンと張りつめた空気が漂っており、参加者の表情は一様に硬くこわばっていた。ところが20分くらい経過すると、緊張感が一気に薄らぎはじめ、和気藹々《あいあい》と軽口を叩きながら、意見交換する光景が会場内のあちこちでみられるようになった。演習に関する感想で参加者から返ってきたコメントは、つぎのようなポジティブなものが大半であった。

「意見交換をしたら、胸のつかえがおりて気が楽になった」「職場のなかで話せないことが話せて、気持ちがすっきりした」「今日ここにくるまでは、正直、自分だけが苦しい思いをしていると思っていた。でも、いろいろな人の話を聞いて、苦しんでいるのは自分だけではないのだと確認できた。何だか肩の荷が下りたようで、やる気が出てきた」「ここにきている人たちなら、話を聞いてもらえる、気持ちをわかってもらえると思った。そのおかげで、自分の思いを気兼ねなく語れ、気持ちがリフレッシュできた」など。

これらの声は、まさに職場外に人脈を築く大切さを物語るものと言える。彼らが気兼ねなく思いを語れたのは、参加者が他の職場の人であったからだ。利害関係がない人たちが集う場であったので、遠慮なく自分の思いを吐露できた。思いや経験を共感できる同業者との語らいが、プレッシャーで潰れそうになっていた心をリフレッシュする絶好の機会となっていたのである。

263-00714

外部に人的ネットワークをつくることがどうして大切なのか

外部に同業者の人的ネットワークを築くことが、どんなメリットをもたらしてくれるのか。それは、つぎに示す6つに集約できる。

①悩みや問題について、気兼ねなく相談できる場が確保できる

職場外の人だと、情報が職場内の仲間に漏れるのではないかと心配する必要がない。相談する側と相談を受ける側との間に利害関係やライバル関係がないので、精神的にもリラックスして相談できる。相談を受けアドバイスするほうも私的感情を交えず、客観的な視点からコメントしやすいというメリットがある。

②気兼ねない意見交換によって、ストレス解消が図れる

外部にネットワークをもち、気軽に相談できる場を確保すれば、精神的に楽になる。職場内のさまざまな軋轢《あつれき》から解放され、気持ちがリフレッシュできる。

③固定観念に縛られかけた頭のなかをリフレッシュし、柔軟なものの見かたや考えかたを身につけるきっかけがつかめる

ある組織に属していると、知らず知らずのうちに職場内の〝常識〟に染まってしまいやすい。ある一定の思考パターンにはまってしまい、柔軟な発想ができなくなる場合がある。他の職場の人との意見交換を通して、いままで気づかなかったものの見かた、考えかた、問題解決や業務遂行の方法などが学べる。マンネリに陥った心をリフレッシュできる。

④人間の根源的欲求である「承認の欲求」を満たす場の確保につながる

職場外の人間関係は、利害関係が生じにくい。客観的な視点からお互いをみつめあえる。冷静に相手のよいところを認めあえる。これが人間の根源的欲求である「承認の欲求」、すなわち、「他者に認められたい」「自分の働きに対して正当な評価を受けたい」「組織のなかで必要な人だとの認識を受けたい」などといった欲求の充足につながる。

⑤専門的な知識や技術を学ぶ機会が得られる

ただ漫然と働いたり経験年数を積み重ねるだけでは、プロとして着実に成長することできない。真の意味で利用者本位サービスを担う存在となるためには、新たな技術や知識の習得に向けた日々の努力が不可欠となる。その重要な機会を与えてくれるのが、外部の組織や団体である。国家資格を取得し、社会福祉士会や介護福祉士会などの職能団体に所属すれば、最新の知識や技術を学ぶ機会が数多く得られる。職場レベルでは実施がむずかしい、系統的な研修プログラムにも参加できる。

⑥施策や制度の改善・創設に貢献するソーシャルアクションを起こす場を確保できる

ソーシャルアクションとは、社会福祉関連の施策や制度の改善を要求する活動を指す。職場でも実施可能だが、さまざまなしがらみがあるために、行政に要求したい事柄があっても、声を大にして訴えにくいケースが少なくない。職能団体やセルフヘルプグループなどは、福祉事業所とは異なり、ソーシャルアクションを一つの重要な機能として位置づけたうえで発足しているケースが多い。そのため、行政に対して意見や要望を訴えていく行動を苦にしない。これらの団体に所属したり、かかわりをもったりすることによって制度や施策の創設・改善に寄与する機会をもつことにつながる。

人脈づくりの達人になるための5つのポイント

最後に、人的ネットワークを築きあげるための、選りすぐりのポイントを紹介する。人脈づくりの達人となるために、ぜひ参考にしてほしい。

①自分の周りにどのような人的ネットワークがあるか、情報収集する

外部の人的ネットワークを広げるには、情報収集が欠かせない。いま、あなたの周りにどんな人的ネットワークがあるのか、確認する。めぼしいネットワークがみつかった場合には、どうすれば仲間に入れるか、当該機関・団体・組織に直接連絡を入れて確かめる。

保健福祉関連専門職にとって、最も手近で有用なネットワークは、社会福祉士会、介護福祉士会、看護協会、理学療法士協会、作業療法士協会、介護支援専門員連絡協議会などの職能団体である。また、社会福祉施設職員の有志が集まった私的研究会や学習会などは、資格や職種を超えた団体であり、誰もが入れるというメリットがある。

そのほか、音楽療法や動物介在療法を学ぶ研究会、認知症高齢者のケアに関する研究会、知的障害者や自閉症のある人に対するケアについて学ぶ研究会など、ある特定のテーマに的を絞り深く学ぶ団体や研究会もある。

②出会った人や組織に寄与する姿勢を明確に示す

ただ組織や団体に所属するだけでは、自己成長につながる人脈は築けない。本当の人脈を築きあげ

ていくためには、自分が所属しようとする組織や団体になんらかのかたちで貢献するとの強い決意が必要である。

もちろん、最初から組織や団体の運営に大きく寄与して、結果を残せと主張しているのではない。慣れない状況のなかでは、十分な働きをするのは容易ではない。ここで強調しているのは、何とかして貢献したいとの姿勢を示すということだ。大切なのは、何かを得るためだけ、あるいはいいとこ取りをするために来たのではないとのメッセージをしっかり相手に伝えることだ。

人脈をしっかりと築いていくためには、所属する仲間との信頼関係が欠かせない。その際の重要な要素となるのが、組織に貢献する姿勢である。いいとこ取りだけを目的とした人は、当然のごとく仲間から厚い信頼を得ることはできない。

真の意味での人脈を築くための基本原則は、「Give Give Give」という姿勢の貫徹である。信頼関係構築の第一歩は、「この人がいてくれて助かる」という確かな印象を他者に与えることからはじまる。少しずつでいい。できることからでいい。姿勢を示すだけもいい。組織に貢献する姿勢を示す。小さな貢献の積み重ねが、信頼を築く礎になる。仲間からの信頼が厚くなればなるほど、新たに築いた人脈の拠点におけるあなたの居場所は大きくなる。不可欠な存在という位置づけが確保できる。

もし、介護福祉士会や社会福祉士会などの組織をとおして人脈を広げていこうとする場合、どうすれば組織に貢献できるか考える。たとえば、それらの会で、研修会や研究会などの催しを企画している場合、多くの貢献可能な作業がある。研修会の準備段階では、会場探し、資料の作成、講師の選定作業、研修会のお知らせ文の作成・封入・発送作業。当日であれば、受付、会場設営、会場案内、資料の配付などの作業が想定できよう。これらの作業に関して、声がかかってから参加表明するのではなく、自分から積極的に協力したいと名乗り出る。

「Give Give Give」の精神で努力を積み重ねても、目にみえる返報は得られないかもしれない。経済的な報酬が得られるわけでもないし、すべての人があなたの働きを評価し、ねぎらいの言葉をかけてくれるわけではない。しかしながら、所属する会のなかでのあなたの位置づけは揺るぎないものへと変わっていく。必要な人財として確固たる位置づけが手に入る。人脈づくりの強固な基盤を確保できるのである。

③礼儀正しいふるまいで信頼を勝ち取る

信頼関係構築は礼にはじまり、礼に終わる。礼儀正しい態度が、仲間から厚い信頼を得る重要な要素となる。もしあなたが誰かにお世話になった場合（アドバイスを受け、その結果、進むべき方向がみえるようになったり、プロとしての自信を取り戻したりした場合）、手紙やメールなどで感謝の意を伝えるようにする。お世話になった人に口頭でお礼を言うのも大切だが、礼状をしたため、感謝の意を伝える効果は、想像以上に大きい。

私も仕事柄、いろいろな人と出会う。都道府県社協主催の研修や事業所レベルで実施する職員研修会など、さまざまな機会を通して実践現場で働くみなさんと出会う。そのような場で出会った方々から、後日、手紙やメールなどで礼状をいただくと、これからも可能な限りアドバイスしようという気持ちになる。一通の手紙やメールが、職業人としての人生を支えるよきパートナー、あるいはスーパーバイザーの確保につながる場合がある。〝筆まめ〟な人になる。これは人脈開拓の達人になるための必須要素である。

④出会った人とは必ず名刺交換する

かつては福祉職の人で名刺をもたない人が少なくなかった。20数年前、はじめて福祉の職場で働きはじめたとき、職場の先輩が「僕らの仕事には名刺なんていらないよ」と語っていたのを鮮明に覚えている。私は天の邪鬼なので、先輩のアドバイスと反対の行動をとった。福祉の仕事も、基本的にはビジネスマンとなんら変わりない。人脈づくりのためには、そして職業人として誇りをもつためには、名刺は必要だとの思いからすぐにオリジナル名刺を作成した。もちろん、隠れてつくったのではない。理事長から法人のロゴの原版を借り、許可を得て作成した。外国語学部の出身なので、裏には英語で所属や名前を記した。実際には必要はなかったが、後に同業者と名刺交換をすると珍しがられ、すぐに名前を覚えてもらうという効果はあった。

専門職として人と会う場合、名刺交換は職業人として必須の儀礼である。人脈を築きあげるためのツールでもある。相手の名前を覚え、自分の名前を覚えてもらう。一枚の名刺交換から人生が変わる場合もある。

私も一枚の名刺交換がきっかけとなり新しい職場をえた経験がある。名刺を渡しながら自分がどのような人物なのか、相手の方に説明をした。どうやら、その際の自己紹介が強い印象を与えたらしい。後にその方から連絡があり、「某大学で働いてみないか」とお誘いを受けた。これがある大学で一時奉職することとなったきっかけである。

言うまでもないことだが、名刺交換は何か見返りを期待して行うものではない。が、いつかどこかで、つながりを強める契機となる場合もある。メールアドレスを名刺に載せる人が最近増えてきたが、これは「連絡はメールでお気軽にどうぞ」というサインだ。必要性を感じたら、連絡を躊躇すべきではない。

出会った人とは遠慮せず、ていねいに名刺交換をすることを強くお薦めしたい。

⑤人的ネットワークづくりをとおして知りあった人たちとは良好な人間関係が維持できるよう最大限努力する

外部に人的ネットワークを築くのは自己成長のためである。職場では得られない知識や技術、情報などを学ばせていただくためである。悩みや問題を気兼ねなく相談し、解決の糸口を見出すためである。これらの目的を達成し、真の意味で有用な人的ネットワークを築きあげていくには、良好な人間関係の維持が欠かせない。

しかし、実際には、良好な人間関係の維持ほどむずかしいものはない。高いプロ意識と熱意をもった人たちが集う団体であっても、意見の対立やすれ違いは起こる。下手をすると、修復不可能なくらい、人間関係が悪化する場合もある。最悪の事態を避けるには、「他のメンバーを一方的に批判したり責めたりするような発言はしない」と心に誓い、このポリシーを貫き通すことである。たとえ組織や団体の活動にあなたほど寄与しない人がいたとしても、それを「よし」とする姿勢を示す。「私がこんなにがんばっているのに、どうしてやってくれないんだ」と相手を責めるような態度は、まかり間違っても示してはならない。叱責的態度は、売り言葉に買い言葉的な対立関係を生み出しやすく、人間関係崩壊をもたらす可能性がきわめて高いからだ。

以上、ここでは、職場外の人的ネットワークの大切さとそれを築きあげるためのポイントを紹介した。日常の業務に追われていると、外部のネットワーク拡大まではとても手がまわらないと思いがちだ。でも、それは大きな誤りである。人脈を広げ、外部に腹を割って相談できるよき仲間をもつことで、気持ちをリフレッシュできる。最善の状態で本業に打ち込む心と姿勢を手にできる。

人脈は、いざというときにあなたを支える命綱になる。もし、あなたがいつでも利用できる外部の人的ネットワークをもちあわせていないのであれば、躊躇は禁物だ。人脈開拓に向けて、行動を起こすことを強くお薦めしたい。

本章で学んだこと

This Chapter's Points

ポイント①　人脈がもたらす、すばらしい効果を把握せよ。

- 悩みについて気兼ねなく相談する場を確保できる。
- 思いを語りあうことによってストレス解消が図れる。
- 柔軟なものの見かたや考えかたを身につけるきっかけをつかめる。
- 「承認の欲求」を満たす場の確保につながる。
- 専門的な知識や技術を学べる。
- ソーシャルアクションを起こす場を確保できる。

ポイント② 人脈は座して待つだけでは、築けない。つぎの5つのポイントを押さえたうえで行動を起こそう。

・どこに使える組織・団体があるのか綿密に情報収集する。
・かかわりをもちはじめた組織や団体に、なんらかのかたちで貢献するよう努める。
・礼儀正しいふるまいで信頼を勝ち取る。
・出会った人とは必ず名刺交換する。
・知りあった人たちとは、良好な人間関係が維持できるよう最大限努力する。

263-00714

第7章

変化をためらう姿勢はどこから生じているのか
—変革を担う人財になるためには

How to break the status quo : the complete guide to becoming a competent social / care worker

変化に対する根強いとまどいの声

福祉関連団体が主催する福祉職員向け研修会に講師として招かれるたびに、私はこう訴える。

「利用者本位サービスと権利擁護という2つの観点から、現在、提供しているサービスや業務を精査、検証する取り組みに着手しましょう。その結果、もし変えるべき点が確認できたならば、ただちに改善に向けて行動を起こしましょう」

反応は上々だ。研修後、しばらくすると、決まって何名かの受講者から手紙やメールなどで、心躍らせる連絡が入ってくる。「職場に戻って、早速、業務改善に取り組みはじめました。これからどんな変化を実現できるか、楽しみです」(特別養護老人ホーム介護主任)。「業務内容を点検し、改善計画書をつくりました。もしよろしければ、目を通し気づいたことを指摘してもらえませんか」(老人保健施設相談員)。「研修後、組織全体で業務改善に取り組みはじめました。年度末にその成果について報告会を開きますので、ぜひコメンテーターとして来てください」(知的障害者入所更生施設支援課長)。

受講者からこうした報告を受けるのは、何よりもうれしい。ただ話を聞くだけで終わるのではなく、実際に行動を起こしてくれたことが確認できるからである。

一方で、残念な報告が寄せられる場合もある。研修で変化の大切さを学び、やる気満々で職場に戻ったのに、いざ行動を起こそうとすると、ほかの職員の激しい抵抗にあう。結局、何の変化も実現できずに終わったとの報告である。最近の傾向として非常に気になるのは、「抵抗にあい、うまくいかなかった。どうしたらいいかアドバイスがほしい」との相談が多くなってきた点である。

263-00714

この傾向から私たちは2つの重要な事実が把握できる。一つは、質の向上が声高に叫ばれるようになった福祉業界であるが、職場には業務改善に向けた行動に対して、強い抵抗感を示す人が少なくないという事実だ。もう一つは、職員の心のなかに抵抗感が根づく理由は何か、その原因を明らかにし、抵抗感払拭に向けた手立てを講じることが喫緊の課題であるとの事実である。

変化への抵抗感―組織レベルの要因

それでは早速、この課題に着手しよう。一体、何が変革を躊躇《ちゅうちょ》したり、妨げたりする職員を生み出す原因となっているのか。それは、組織レベルと個人レベルの要因に大別できる。

組織レベルの要因としては、「組織としてどの方向をめざすのか明確なビジョンが示されていない」「組織をあるべき方向へと向かわせる強力なリーダーシップが存在しない」「業務の見直しと変革を推進する業務改善システムが未整備状態にある」「変化を拒む独特の組織文化ができあがっている」などがあげられる。なかでも注目してほしいのが、〝組織文化〟である。

この用語は、社会人であれば、いまや誰もが一度は聞いたことがあるといっていいくらい広く浸透している。しかし、一昔前まではそうではなかった。組織文化という用語を聞いてもピンとくる人は少なかった。その意味を理解する人は、社会学や社会心理学の観点から組織を研究する人や経営組織論などを学んだ経験のある人たちに限られていた。

ところが、２０００年代を迎えてから状況が一変する。マスコミでこの用語が頻繁に取りあげられるようになった。きっかけは、わが国を代表する企業が起こした数々の不祥事であった。某乳製品メーカーが引き起こした食中毒事件、某自動車メーカーによるリコール隠し事件、某大手食肉メーカー子会社による牛肉偽装事件、某ガス機器メーカー製品の不正改造によって引き起こされた一酸化炭素中毒死事件など、大手企業がかかわる不祥事が白日の下にさらされるたびに、テレビや新聞などの報道機関が、それらの企業に内在する組織文化（あるいは企業文化）が問題を引き起こす一因である、とこぞって指摘した。その結果、広く世に知られるキーワードとなった。

組織文化の定義については、組織理論研究を専門とするリチャード・L・ダフト氏の見解を参考にしながら説明する。氏は「組織のメンバーが共有し、新しいメンバーに正しいものとして教えられる一組の価値、ガイドライン的信念、理解のしかた、考えかた」であると整理（文献1）している。

特筆すべきは、組織文化が2つの相反する特性をもつ点だ。一方では組織メンバーを共通の価値観や行動様式などによって結束させ、チームワークを高める働きをするが、他方では内部の結束と安定を最優先事項に置く、官僚主義的業務スタイルをつくりあげてしまうという側面をもつ。

組織文化が前者の特性を示す場合、組織は右肩上がりの成長カーブを描くケースが多い。後者の特性を示す場合、組織は衰退の道をたどりやすい。変革に向けた動きは、内部の安定を揺るがす逸脱行為とみなされるため、あらゆる手段を講じて封じ込めようとする作用が働くからだ。変革阻止をもくろむ典型的な行動パターンは、ガービンとロベルトの両氏がハーバード・ビジネス・レビュー誌に記したレポート（文献2）を参考にすれば、つぎの6つに整理できる。

①変化に関するどんな提案にも、即座に「ノー」と応える（即座に提案を否定し、「うまくいくかも」「考慮してもらえるかも」などといった期待感が高まらないようにしている）。

②業務改善に関する提案が出されても、その内容については一顧だにせず、提案書の体裁や出しか

たがわるいと難癖をつけ、改善を阻止しようとする。

③何か提案すると、即、行動を起こしはじめるので、一見、変化に理解を示す組織文化があるようにみえるが、実は提案があるたびに少し行動するだけで、いつも途中で投げ出してしまう（改善に向けた行動を起こしたとしても、一つの取り組みが終了する前に、つぎの取り組みへと移行するために、結局、何も実現できずに終わる。改善がいつも中途半端に終わるため、「うちの職場は何をやっても中途半端に終わるだけ」という失望感が組織全体に広まり、変革を拒む姿勢が強化されていく）。

④変化に関する提案が会議の場面で出されても、反対する姿勢を示さないが、会議が終わった途端に、同僚、先輩、後輩など気の合う仲間が集まり、変革に対する反対意見を表明しはじめる。

⑤変革に向けて提案が出されると、「ここがおかしい」「ここがダメ」などと重箱の隅をつくかのような批判をしたり、「もしうまくいかなかったら誰が責任をとるのか」と重い責任を問うかのような発言を繰り返したりして、廃案に追い込もうとする。

⑥どんな変化への提案が出されても、知らぬの半兵衛を決め込み動こうとしない（何があろうとも動こうとせず、変化を唱える職員の情熱が冷めるのを待つ）。

変化への抵抗感――個人レベルの要因

変革を躊躇する職業人を生み出す、個人レベルの要因に関しては、変化に対して強いアレルギー反応を示す人たちがみせる共通の思考・行動特性から把握できる。ここでは、変化を拒む傾向にある人の思考・行動・特性として、欧米の組織論に関する研究によって示された知見と、私が社会福祉実践現場で実施したフィールドワークで得たデータを参考にしながら整理した８つの類型（文献３）を紹介したい。それは、つぎのとおりである。

①「長いものには巻かれろ」との思考・行動パターンを示す

この特性は、何が正しいのか、何が適切なのか考えて行動するのではなく、大勢を占める人たちにひとまず従っておけば大丈夫だろうという心理から生じる。明確な目的意識・問題意識を持たずに働いている人、自らのキャリアに責任をもつのは自分自身であるというプロ意識をもちあわせていない人などに共通の行動特性である。多くの人が支持するほうについていれば間違いないだろうとの姿勢は、何も考えずに勝ち馬に乗ろうとする「バンドワゴン効果」に基づく行動特性とも呼ばれている。

②変化に向けた取り組みに対して、「これまで積みあげてきたすべての実績が否定されるようで嫌だ」と強い抵抗感を示す

これまで一人の職業人としてどんな成果をあげてきたのか、明確な実績を示せない人は、この特性を示すケースが多い。変化を要求する一連の取り組みがはじまれば、ただ何となく業務をこなしてきたとの事実、あるいは、どっぷりとマンネリ業務に陥っていたとの事実が、白日の下にさらされるのではないかという不安感が、彼らに変化に対する強い拒否感を抱かせてしまう。

③実は自分が提供しているサービスがレベルが低い、あるいは改善の余地がかなりあるとの〝自覚〟があり、その現実を直視したくないという現実逃避の願望が強い

この特性も先の項目と同様に、業務の見直しや業務改善への取り組みが実施されると、自分がうまくできていないことを指摘されたり、批判されたりするのではないかという恐怖心から生じるもので

263-00714

ある。ただし、大きな相違点がある。それは「いまのやり方には問題がある」「問題だと指摘されかねない業務を行っている」と、強く〝自覚〟している点である。もう一つは、「これはまずい」と自覚するほどのレベル低下現象、たとえば、権利侵害と受け取れかねない行為に陥っている可能性が高い点である。こうした状況にあるために、変化に対してきわめて強い抵抗感を示す場合が多い。

④失敗に対する恐怖心が強い

何かにチャレンジしようとするとき、「うまくいかなかったらどうしよう」との不安感が頭をもたげるのはわるいことではない。どんなチャレンジも百パーセント完璧にいくとは限らない。大切なのは、可能な限り、うまくいくよう十分な準備をすること。さらには、万が一、うまくいかなかった場合でも、それにともなうリスクを最小限に抑えるよう事前に準備しておくことである。よって、チャレンジする前に「本当にこのプランでうまくいくのか」と不安を抱くのはわるいことではない。行動を起こす前に最終チェックする最良の機会になるからである。

しかしながら、不安が常に後ろ向きな姿勢を生み出すばかりだとすると注意が必要だ。たとえば、不安が「失敗をすれば批判されそうだから、何もせずにおこう」とか、「よけいなことをするよりも、いままでどおりのほうが楽だ」との思いから生じるものだとすれば、何も行動を起こさない業務スタイルにどっぷりはまってしまっている可能性が高い。

もちろん、このような姿勢になった原因が本人だけにあるとは限らない。「失敗は悪である」「失敗は非難の対象となる」という暗黙の了解が組織全体にはびこっている場合、チャレンジに後ろ向きな姿勢を示す職員が増加する傾向が強い。失敗が許されない文化のなかでは、強いプレッシャーがかかるため、失敗する確率が高くなる。あるいはチャレンジしようとするだけで、仲間外れにされることもある。このような状況が、変化を躊躇する姿勢をよりいっそう強いものにしてしまうのである。

⑤業務の見直しや新たな業務スタイルに移行することによって、業務負担が大幅に増加するのではないかという不安感が強い

福祉の現場には、「忙しい」「時間がない」状況が存在するのは事実である。しかし、そう思い込んでいるだけで、本当は業務のこなし方や手順などに問題があるために、多忙な状況が生み出されてしまうケースがあるのも事実だ。そもそも変革への取り組みは、業務負担を増加させるためにあるのではない。むしろ現状を見直し、優先順位を明確にして業務を効率的にこなし、負担を減らすためにある。この点に対する理解が不十分なために、変化を拒む姿勢を生み出してしまうのである。

⑥自己の援助専門職としてのスキルに自信がない

このような状況に陥る人は、経験年数の浅い若手職員ではない。むしろ、ある程度経験を積んだ中堅クラス以上の人たちにみられる特徴だ。福祉職員として、ある程度の勤務経験はあるが、ただ年数を積み重ねただけで、プロとして胸が張れるほどのスキルを身につけていない。業務の見直しや改善への取り組みなどの新たなチャレンジについていけるほどスキルを身につけていないという自覚が心のどこかにあるために、変化への抵抗感を抱いてしまうのである。

⑦「制度が不備だから何をやっても無駄だ」という思いが強い

この手の思いを抱く人は、いますぐ改善に取り組めばよくなる部分があるのに、「制度がダメだから」「小手先の変化じゃ意味がないから」などと、もっともらしい理由をあげて、何もせずにすませようとする。「制度がダメだ」と批判するが、実際には、どこに問題があるのか、どんな改正が必要なのか、説明できない。つまり、制度に対して十分に勉強したうえで批判しているのではなく、何とかし

263-00714

て〝何もしないですます理由〟を探そうとする悪しき行動パターンに陥っているだけなのである。

⑧うまくいかないことを、先輩職員や上司のせいにしようとする

この特性を示す人は、現状に問題があるのは、先輩職員や上司に非があるからだという見解を示す傾向が強い。たとえば、「現在の業務スタイルを築きあげたのは彼らだ。私たちは彼らが言っていた業務遂行スタイルを踏襲しただけで、責められる筋合いではない。変化を求められるとすれば、そのスタイルを確立した彼らであり、私たちではない」といった見解を示す。このような思いが変化に対する強い抵抗を生み出す大きな原因となっている。

変化を避ける姿勢を変えるには

続いて、どうすれば変化に対する抵抗感を払拭し、利用者に真の意味で必要とされる職業人となれるか、具体的かつ実践的なポイントを教示したい。ここで紹介するのは、私が実践現場で出会った変革をリードする人たち、言い換えれば、変革の達人と言える人たちの特徴を集約し、整理したものである。

一人でも多くの人がつぎに記す思考・行動パターンを身につけ、変革をリードする真の職業人として、さらなる成長を遂げることを期待してやまない。

①変革に向けた行動をポジティブにとらえる

変革に向けた行動として、まず取り組まなければならないのは、職場内にある〝常識〟の見直しである。これまで当たり前だと思って行ってきたさまざまな業務、たとえば、介護の方法や手順、利用者に対する接しかた、職員間の報告・連絡・相談の方法、業務日誌やケース記録の記しかたなどを、「本当にこれでいいのか」「改善すべき点はないか」といった視点から見直してみる。

こうした取り組みは、これまでの業務をすべて「わるい」と決めつけるためではない。むしろ、よいところはよいと評価するためにある。どんな職場にも、これからも踏襲すべき「すばらしい実践」(Good Practice)はある。同時に、改善が必要とされる業務実践もある。大切なのは、ポジティブな姿勢で現状をチェックし、改善すべき点を把握することだ。そうすることによって、職場のサービスをよりよいものへと導くことができるからである。

②失敗に学ぶという発想をもつ

職業人として働いていれば、ノーミスのまま定年まで勤めあげる人など誰もいない。誰もが多かれ少なかれ、ミスを犯すものである。ただし、プロとして高業績をあげる人とそうでない人には大きな違いがある。

高業績をあげる人は、最善を尽くしたうえでの失敗を〝恥〟だとはとらえない。失敗を隠さず直視するし、反省すべき点があれば十分に反省したうえで、そこから教訓を学ぼうとする。対照的に、思うような業績があげられない人は、失敗続きの取り組みであっても、現実を直視しようとせず、これまでのやり方を変えようとしない。人が指摘しても耳を傾けはしないし、失敗から教訓を学ぼうともしない。失敗は恥であり隠すべきもの、と勘違いしている。

③何のために働いているのか、最新の福祉理念に基づく明確な目的をもつ

プロとして明確な目的をもって働いている人は、現状に甘んじない。目的とするところと現実との間に、どのくらいギャップがあるのかを直視する姿勢を示す。そのうえで、ギャップを埋めるための方策を考え、行動を起こすという特長がある。

④変革を唱えたとき、周りの職員から、無視されたり、〝出る杭〟とみなされたりしても、冷静に受け止める（感情的になって、相手を責めるのは厳禁）

マンネリに陥っている組織のなかで変化を唱えると、〝出る杭〟とみなされる場合がある。万が一、そのような立場に追い込まれたとしても、対決するような態度を示したり、「何でわかってくれないんだ」と批判したりしてはならない。そうすれば、相手の態度はますます頑なになる。意地でも変わらぬ姿勢に追い込んでしまう。

後ろ向きな思考・行動パターンに陥った人たちを変えることは、一朝一夕にはできない。忍耐強く、彼らにその必要性を訴えていく。彼らを責めたり、批判したりするような態度ではなく、「一緒に取り組みませんか」と誘うような口調で語りかける。ポイントは、じっくり時間をかけるという点だ。「焦らず、慌てず、急がせず」をモットーにして、取り組む姿勢が求められているのだ。

⑤これだけは誰にも負けない何かを身につける

先にも触れたように、変化を拒む人は、援助職としてもつべきスキルが十分でない人が多い。自信がないから、新たなチャレンジに対して尻込みし、なるべく避けようとする姿勢をとるようになる。この状態から脱却するには、基礎能力の底上げが必要だ。そのうえで、これだけは負けない〝何か〟を身につける試みに着手する。

これだけは誰にも負けない〝何か〟を手にすれば、変革への動きを笑顔で受け入れられる職業人になれる。「自分のこれまでの取り組みを否定されるのではないか」「力がないことがばれるのではないか」などと不安に苛まれず、ゆとりをもって対応できる。これだけは負けない〝何か〟が、プロとしての誇り、ストレスに動じない強さ、そして変化を前向きな姿勢で受け入れる心のゆとりをもたらしてくれる。

⑥何か新しい事柄にチャレンジする際に「できるかできないか」で考えるのではなく、「どうすればできるようになるか、その方法を考える」という姿勢で取りかかる習慣を身につける

人の心は弱い。何か新しい事柄にチャレンジするとき、「できるか、できないか」といった観点で考えると、〝できない理由〟探しに陥りやすい。チャレンジするよりも、いままでのやり方を繰り返すほうが楽だということを知っているからである。

変わるためには、易《やす》きに流れぬ強い決意と、前向きな発想が欠かせない。「できるか、できないか」ではなく、「どうすれば、改善が可能になるか」「どんな工夫をすれば組織の変革を実現できるか」。こんな前向きな発想で変革に向けて行動することが求められているのである。

文　献

1）リチャード・L・ダフト：戦略と意思決定を支える組織の経営学.ダイヤモンド社,2002,p.190.
2）Garvin,D.A. & Roberto,M. A.：Change Through Persuasion.Harvard Business Review,February,2005,pp.104～112.
3）変化への戸惑いの類型化に関してはつぎの文献を参考にした
・Braye,S. & Preston-Shoot,M.：Empowering Practice in Social Care.Open University Press,1995.
・Horwath,J. & Morrison,T.：Effective Learning in Social Care：From theory to practice：Routledge.
・Wilson,S.B.：Goal Setting.American Management Association,The Worksmart Series,1994.
・カール・アルブレヒト：なぜ,賢い人が集まると愚かな組織ができるのか組織の知性を高める7つの条件.ダイヤモンド社,2003.
・太田 肇：ホンネで動かす組織論.ちくま新書,2004.
・デビッド・マギー・著：ターンアラウンド ゴーンは,いかにして日産を救ったのか？.東洋経済新報社,2003.
・シドニー・フィンケルシュタイン：名経営者が,なぜ失敗するのか？.日経BP社,2004.

263-00714

This Chapter's Points

本章で学んだこと

ポイント① 業務の見直しや変化をどんなに声を大にして叫んでも、職員一人ひとりの心のなかにある抵抗感を払拭しなければ、変化に向けた第一歩は踏み出せない。

ポイント② 変化に対してとまどいをみせる職業人をつくり出す元凶は、組織レベルの要因と個人レベルの要因である。その特徴をしっかりと把握し、変化への抵抗感を払拭する準備を進めよ。

ポイント③ 本文中で示した「変革を推進する職業人になるための6つのポイント」を頭に入れ、まず、あなたが抵抗感の払拭に向けて行動を起こす。どこの職場の業務改善も一人の勇気ある職員の行動からはじまる。よりよきサービスの実現のために、強い決意と勇気をもって、大きな一歩を踏み出そう。

263-00714

第8章

“ダメ上司”とどう向きあうか？

―要注意！　その存在を放置すれば、あなたの職場は失望と人財流出とサービス低下という3つの危機に直面する

How to break the status quo : the complete guide to becoming a competent social / care worker

ご用心 ――“ダメ上司”は職場に失望感を蔓延させる

「こんな職場辞めてやる！」

ちょっぴりショッキングな書き出しで恐縮だが、読者のみなさんのなかで、こんな啖呵《たんか》を切りたくなった経験はないだろうか。

私のもとには、「いま、辞めようかどうか迷っている」と訴えにくる人が急増中だ。利用者本位サービスや権利擁護の実現といった夢をもって福祉職場で働きはじめたが、理想と現実の間には大きなギャップがあることに気づく。「何とかしなければ」「このままではいけない」との思いと、どうにもならない現実のなかでもがき苦しみはじめる。

やる気があり使命感が強い人ほど、現状を変えられない自分に対して強いいらだちを感じやすい。「このままじゃダメだ」と気を取り直して行動を起こそうとするが、状況を変えることができない。しだいに、無力感や失望感に苛まれはじめ、「もうだめだ」「辞めようかな」との思いが頭をもたげはじめる。

ここで私たちが見落としてはならないのは、彼らが失望感にうちひしがれそうになる原因である。苦しい胸のうちを明かしにくる人たちの声にじっくりと耳を傾けると、重要な共通点が浮かびあがってくる。“ダメ上司”の存在である。

たとえば、知的障害者施設の支援員として4年目を迎えるAさん（女性）は、声をつまらせながらこう訴える。「何とかしなきゃと私たち現場職員は思っているんですが、上司が協力してくれないんで

263-00714

す。何か訴えると、口では『わかった、わかった』と言ってくれるんですが、それだけで終わり。何も行動してくれません」。

特別養護老人ホームで生活相談員として働く経験年数8年のBさん（男性）も、上司に対する失望感を訴える。「ウチの上司は、私たちが何か新しい提案やアイデアを出すと、表情が一変するんです。急に怖い顔になって黙り込んだり、言葉づかいが乱暴になったりで、機嫌がわるくなる。私たちはただ、現状を改善するための提案を出してるだけなんですが、冷静に受けとめてくれないんです」。

〝ダメ上司〟の放置は人財流出の危機につながる

〝ダメ上司〟の存在が組織に与えるダメージはきわめて大きい。上司が施設長、所長、事務長などといった高い職階であればあるほど、その影響力は甚大になる。組織のリーダー的存在である人がリーダーシップを発揮できない職場では、職員の使命感やモラール（やる気）は育たない。それどころか、やる気ある職員の使命感を奪い取り、失望感を生み出してしまう。

〝ダメ上司〟が、課長、主任、チーフなどといった中間的ポストの職員であっても、影響力は侮れない。彼らは、最前線で働く職員の視点からすれば、最も身近な上司である。本来、最も頼りにされる立場であるのに、その役割を果たせないとすれば、職場全体に与えるダメージは非常に大きい。

必要なときに必要な指示を出せない。朝令暮改的な指示や意味不明の指示で、現場を混乱させる。言動に投げやりなものが目立つ。問題意識の高い職員が業務改善のために何かを提案しても、「わかった」と言うだけで行動を起こそうとしない。「何らかの行動を」と強く主張すると、「そんなに言うんなら勝手にやれば」と半ば開き直るかのような発言を繰り返す。こんな状況が続くと、職員の失望感は日増しに強くなる。傷口は確実に広がり、組織全体に失望感が漂いはじめる。

失望感が渦巻く職場には、ゆゆしき事態が待ち受ける。一つは、サービスレベルの低下。そして、それにともなう評判の低下である。サービスを直接受ける立場にある利用者やその家族は、職場の士気が低下しサービス低下がもたらされたとしても、介護事故といった重大な事態が起こらなければ、直接事業者に「最近レベルが下がったようね」と訴えることはしない。が、油断は禁物だ。わるい噂は口コミで広まっていく。気づいたときには、自分たちだけがよい仕事をしていると思い込む〝裸の王様〟になりかねない。

もう一つは、職場の宝というべき人財の流出現象である。職場の業績アップに貢献してきた人、あるいは、その可能性を秘めた貴重な人財が、つぎつぎに職場を去りはじめる。この状態が放置されれば、職場はサービス低下の悪循環から永久に逃れられなくなる。

悪循環の呪縛から逃れるためには、〝ダメ上司〟とどう向きあい、どう対応するか、適切な対応策を講じねばならない。そのための第一ステップとして欠かせないのが、彼らの典型的な特徴の把握である。その特徴のなかに、対応策の作成に向けたヒントが隠されているからだ。

組織をダメにする上司の特徴を把握せよ

それでは早速確認しよう。部下の士気をくじき、業務低下をもたらす〝ダメ上司〟には、どのような共通点があるのか。この点については、多くの研究者たちがさまざまな見解を示しているが、ここ

263-00714

では、マイケル・マッコビー氏の見解（文献1）を参考にする。彼は経営コンサルタント会社であるマッコビーグループの創設者であると同時に、文化人類学と精神分析学という2つの視点から独自のリーダーシップ論を唱える研究者でもある。彼は『ハーバード・ビジネス・レビュー』（２０００年）に発表した論文のなかで、リーダーが陥りがちなマイナスの特徴としてつぎの5点を指摘している。

①批判（意見要望等）に過剰反応する

このタイプの上司は、部下からの批判は言うに及ばず、建設的な意見や要望に関しても過剰反応を示すとの特徴がある。

部下からすれば、迷惑ははなはだしい。批判するつもりなど毛頭ない。ただ意見を述べただけなのに、上司が勝手に自分に対する〝批判〟と受けとめ、血相変えて気色ばむ。こんな状況が続けば、下手に意見を言って誤解されるよりも「黙っておこう」という雰囲気が職場全体に浸透するようになる。いわゆる〝沈黙は金なり〟との不文律ができあがる。問題があろうとも、課題があろうとも誰も指摘しない、「伸びない職場」の典型的な特徴を示しはじめるのである。

過剰反応を示す最も大きな原因は、自信のなさである。職階的には管理職あるいはそれに準じる立場にあるが、自分の役割を十分に理解していない。また、上司としての実力にも不安がある。そんな不安心理が、部下の言動に対する過剰反応という自己保身的な行動に駆り立てるのである。

②人の話を聞かない

人の話に耳を傾けられない上司は、リーダーとしての資質に欠けるだけでなく、社会福祉領域で働く者として基本的な能力に欠けると判断せざるを得ない。人の話に真摯な姿勢で耳を傾ける傾聴は、

1960年代にバイスティックが提唱（文献2）したように、社会福祉援助技術の基本原則の一つであるからだ。

傾聴しないという点については、少しばかり注意が必要だ。このタイプの上司は、すべての話に耳を閉ざすわけではない。自分に都合のいい話には耳を傾けるが、そうではない話はシャットアウトする傾向がある。同様に、自分にとって都合のよい情報をもたらす部下は重用するが、耳障りな話をする職員はこれみよがしに遠ざける行動をとる。

こんな上司がはびこれば、職場は暗雲に覆われる。やる気のある、前向きな職員のモチベーションが急低下し、上司をヨイショするだけの課題・問題放置型の職員集団ができあがる。サービスは急低下し、気づいたときには、救いようのない事態に陥る可能性が高い。

③相手の立場に立てない

〝ダメ上司〟は相手の立場から物事を考えるのが苦手だ。部下がミスを犯せば、この傾向がさらに鮮明になる。部下の立場から、事態をみつめ直し、何が失敗の原因となっているのか検証しようとしない。自分の立場だけで物事をみるので、すべての責任が部下にあるような一方的な判断を下しやすい。

部下がミスを犯す原因は、本人だけにあるとは限らない。怠慢や職務命令無視などの例をのぞけば、複合的な原因が絡みあってミスが起こるケースが大半だ。上司の指示があいまいだったり、意味不明だったりしたことが原因というケースもある。

部下がミスを犯したときに、上司がとるべき行動について、ソニーの創業者の一人である盛田昭夫氏は、自伝『メイド・イン・ジャパン』（文献3）のなかで、上司の役割はミスを犯した部下を非難することではない、と明言している。むしろ、何が失敗をもたらす原因となったのか究明することである

263-00714

と主張している。まさに、その通りだ。上司には、部下の視点からミスを検証し、ミスを繰り返さぬよう教訓を学ぶことが求められているのである。

④研修やスーパービジョンの大切さを認めようとしない

このタイプの上司は、「研修で知識や技術を身につけても〝頭でっかち〟になるだけで役に立たない」「福祉領域の知識や技術は、実践面では使えない」と決めつける傾向が強い。

たしかに、ただ漫然と研修を受けるだけでは、本当の知識や技術は身につかない。が、すべての研修、あるいは、福祉領域における理論や技術などを「役に立たない」「机上の空論だ」と決めつけるのは早計だ。

たとえば、ノーマライゼーションについて考えてみよう。これは、すべての人に地域社会のなかでの当たり前の暮らしを保障するとの考えであるが、理論先行型で生まれた思想ではない。1950年代から60年代にかけて、北欧や欧米で知的障害者に対する施策として、隔離的な大規模施設への収容が実施され、そこで数多くの権利侵害が発生したとの反省から生まれた思想である。低レベルな状況を改善するための実践原理として誕生したのであり、〝机上の空論〟として産声をあげたのではない。

職員の学びに冷ややかな視線を送る上司は、この重要な事実を知らないで、〝机上の空論〟と決めつけるケースが多い。

もちろん〝学ぶ〟ことが趣味のようになり、現場での実践がおろそかになる職員も皆無ではない。が、その少数派の職員を引きあいに出して、プロとしての能力を高めるための研修や学びを否定するのは筋違いだ。

もし、学んだことを実践に活かそうとしない職員がいるのであれば、それを指導するのが上司の役割である。職場や業界の宝となる人財の育成は、福祉事業者（組織）の重要な使命であることを忘れてはならない。

⑤部下に対して過剰なライバル意識をもち、潰そうとする

このタイプの上司の辞書には、人財育成という言葉はない。あるのは「人財潰し」である。彼らは、部下を脅威だととらえる。自分の力を脅かす存在となりかねないので、能力が開花する前に潰そうとする。

彼らにとって大切なのは、自分の地位を脅かす存在を排除すること。目的を達するためには、手段は選ばない。

典型的な部下潰しの手段は、無理難題の押しつけである。その職員の経験、力量、ポジションなどからすれば、とうてい達成不可能な課題を与え、達成を命じる。失敗すればここぞとばかりに責め立てる。「なんだ。資格をもってるくせに、それくらいのこともできないのか」「これだから大卒は使えないんだよ」などと部下のプライドをズタズタにするような発言を繰り返す。

陰湿な〝人財潰し〟の洗礼を受けた職員に残された選択肢は少ない。あきらめず戦い続ける人もいるだろうが、多くの人は二者択一を迫られる。一つは、失望して職場を去る。もう一つは、能力が発揮できないまま職場に残る。どちらを選ぼうとも、職場の人財力とサービスレベルは著しく低下する。低レベルなケアをよしとする、問題意識に欠ける職員集団が確実にできあがっていくからである。

〝人材潰し〟に精を出す上司がもたらす影響はきわめて大きい。迅速かつ的確な対応が急務である。

職員から使命感を奪う
“ダメ上司”を放置すれば
人財流出の危機が訪れる

263-00714

経営改革とリーダー論の知見をもとに、〝ダメ上司〟との向きあいかたを検討する

〝ダメ上司〟と向きあい、対応していくためにはどうすればいいか。具体的にどのような対策が必要か。この点については、先に紹介した経営改革のプロ、マイケル・マッコビー氏の知見に加え、リーダーシップ論で著名なジョン・P・コッター氏（文献４）、経営陣の一人として長年にわたり情報関連技術企業の育成に携わってきたケン・マッギー氏（文献５・６）、そして、数多くの福祉の現場で業務改善に携わってきた私自身の経験を踏まえながら、〝ダメ上司〟との向きあいかたを示させていただく。

【留意点①】相手に変われと要求する前に、まず自分が変わる

〝ダメ上司〟と向きあうための第一歩は内省である。静かに心を落ち着けて、自己を省みる。つぎに、必要な改善点がみえてきたら行動を起こし、自己変革を実現する。

読者の皆さんは少々違和感を抱かれるかもしれないが、自己を見つめ直し自己変容を実施するのは、〝ダメ上司〟と向きあうための重要な取り組みである。

相手にだけ変化を要求するような姿勢は、反発を招きやすい。批判の対象である上司だけでなく、同僚や後輩からも、「自分のことを棚にあげて、よく言うよ」と冷ややかな対応を受ける可能性が高い。どんなに正論を唱えたとしても、他者によき手本を示す行動をとっていなければ説得力は弱くなる。人は、あなたが何を主張するかではなく、主張に基づきどんな行動を示すかを注視しているのだ。

263-00714

この厳しい現実を受け止めて、さあ、自己の業務を振り返りチェックする行動を起こそう。あなたの職種が介護職であれば、利用者への言葉づかい、態度、姿勢、介護の方法などについて、問題がないかチェックする。問題点がみつかった場合には、躊躇《ちゅうちょ》せずに改善に乗り出す。

自分を律し、率先垂範して自己変革に取り組む人の言葉は説得力を生む。〝ダメ上司〟の行動を正す人となるために、まずは自己変革への取り組みに着手しよう。

【留意点②】上司に完璧さを求めない

人は摩訶《まか》不思議な生き物だ。おかれている立場や状況によって、物事に関する感じかたが大きく変わる。

たとえば、職場のなかで上司や先輩から完璧さを求められれば、人はどう反応するか。多くの人は「私はスーパーマンではない！」と不快感を露わにする。ところが、他者に対しては平気で完璧さを求める行動に出る。

相手が上司となれば、その傾向はいっそう強くなる。この世に完全無欠な人など存在しないのに、上司にはミスを認めない。完璧なる業務を求め、それができなければ些細なミスであっても、〝ダメ上司〟の烙印を押してしまう。完璧さという基準を満たさぬ人は、すべて〝ダメ上司〟とされてしまう危うい状況ができあがってしまう。

このような状況に関して、ジョン・P・コッター氏は著書『リーダシップ論』（ダイヤモンド社）のなかで、こう警告する。「すべての上司に過剰な期待をかけるのは、非現実的であり、危険なことでもある。上司も一人の人間に過ぎず、完璧さを求めるのは幻想にすぎない」と。

彼が示した論点は重要だ。そもそも上司に求められるのは、完璧さではない。彼らがなすべきことは、自らの役割と使命を果たすために必要な準備を整え、行動を起こすことだ。すぐに結果は出ないかもしれないが、目的達成のために一歩一歩、前へ進むことである。

完璧さという過剰な期待を抱く部下は、プロセスを無視して、結果だけを要求しがちだ。しかも性急に、とのオマケがつく。どんなに有能な上司であっても、短期間に大きな目標を達成するのは容易ではない。大きな目標を達成するためには、その前にある小さな目標を一つひとつ達成していく。もし、ハードルがあるのなら、時間がかかろうとも前進を妨げるハードルを一つひとつ取り除いていく。そんな歩みが求められる。

〝ダメ上司〟とつきあう場合も、基本は同じだ。最初から遠い目標（あるいは大きな目標）の達成を性急に期待しない。あれもこれもと何でも要求するような姿勢で相手に迫ると、相手は心を閉ざすだけだ。ますます聞く耳を失ってしまう。コミュニケーションが途絶えかねない。

あなたがまずやるべきことは、大きな目標達成のためのプロセスを確認することだ。そうすれば、部下としてまず最初に上司に何をしてほしいのか、明確で達成可能な期待を示せる。「私たちがいま、施設長（事務長、課長、主任）にお願いしたいのは、これなんです」と、具体的な内容について言及できる。部下であるあなたが、不明確な上司の指示で動けないのと同じように、上司も部下が自分に何をしてほしいのか明確な意思表示をしてくれないと動けない。

以心伝心で部下の気持ちが理解できる上司であるならば、そもそも〝ダメ上司〟などとレッテルを貼られる必要もない。ここで対応を考えているのは、相手の立場に立てないエンパシー（共感的視点）に欠ける上司である。部下のほうから、具体的な指示を出すことが要求される。

何をどうすればよいのかがわかれば、自信喪失気味の上司も行動を起こせる。適切な行動がとれれば、よき成果を収める可能性は高くなる。成功体験が人にもたらす影響は大きい。「うまくいった」と人の心に〝快〟の刺激をもたらす体験は、自信を育む。より大きなハードルに挑戦しようとする意欲を生み出す。一つの成功体験はさらなる挑戦を生み出し、さらに大きな成功体験につながるといった好循環をもたらすのである。

【留意点③】現場で何が起こっているのか、的確な情報をリアルタイムに伝える（単なる情報伝達に終わるのではなく、一緒に業務改善に取り組むとの姿勢で情報を伝える）

情報の共有はよき職場となるための必須要素だが、〝ダメ上司〟がはびこる職場ではうまくいっていないケースがきわめて多い。

業務改善の依頼を受け、福祉施設を訪ねると、職員の皆さんから、つぎのような嘆きの声が寄せられることが多い。「うちの上司は現場を知らない」「現場のことがわかっていない」「わかっていないくせに何かと口出ししてくるので、現場が混乱して困る」などといった声だ。

職員の気持ちはよくわかる。でも、ちょっと待ってほしい。現場の状況が把握できていないのは、上司だけの責任ではない。責任の一端は部下にもあるというのが私の見解である。上司は万能の神ではない。現場がどのような問題を抱えているのか、職員がいまどんな壁に直面し困っているのか、詳細なポイントまでつかんでいると限らない。現場に頻繁に足を運ぶ人であっても、一人ひとりの部下が直面する問題にまでは、目が行き届かない。

たしかに現場に対する目配り、気配りは、上司の重要な役割である。が、同時に部下の側にも、現場がどうなっているのか上司に伝えていく責務がある。はたして、どれくらいの人がこの責務を全うしているだろうか。私は、現場を訪ね、「うちの上司は現場をわかってくれない」との嘆きの声を耳するたびに、こう質問する。「ところで、皆さんは、上司に現場の状況が理解できるように、どんな工夫をこれまでされてきましたか」。

質問の意図は、プロとして胸を張れる情報伝達の取り組みがなされてきたかを確かめるためである。単に、口頭で「ここがおかしい」「ここが問題だ」とか、「この点を何とかしてほしい」と訴えるのではなく、文書（あるいは何らかの記録）というかたちで、現場にある問題点、改善点などを伝える努力をしてきたかを問うているのである。文書には問題や改善点の列挙だけでなく、なぜそれが問題と言えるのか、改善すべき点だと言えるのか、主張の根拠が記されていなければならないし、同時に改善に向けた提案（改善策として、このような方法が考えられるのではないかという具体的な提案）も記されていなければならない。

〝ダメ上司〟をよき上司へ変えていくには、的確な情報提供が欠かせない。この点について、アメリカの情報技術関連企業で経営陣としての二十数年にもわたる経験を有し、現在はビジネスコンサルタントとしても活躍するケン・マッギー氏が興味深い指摘をしている。「企業の命運は、組織の課題や問題に関連する重要な情報がトップに的確かつリアルタイムに伝わっているかにかかっている」。つまり、彼は、組織に属する人はトップが判断を下すうえで、どんな情報を必要とするのかを理解し、情報をどのタイミングでどの程度、そしてどんな方法で伝える必要があるのか、理解していなければならないという重要なポイントを指摘していたのである。

【留意点④】上司を育てるという発想をもとう

最後のポイントは「上司を育てるという視点をもて」だ。こう記すと、「なぜ部下の私がそんなコトしなければならないのか！」と声を荒らげたくなる人もいるに違いない。その気持ちは痛いほどよく

263-00714

わかる。反発の裏側には、「私は上司から何もしてもらっていないのに!」という思いが潜んでいるに違いないからだ。しかし、この思いに支配され、行動を起こさずにいれば、職場もあなた自身も、〝ダメ上司〟の呪縛から永遠に解放されはしない。

福祉の職場で、何よりも優先すべきは、利用者一人ひとりの「最善の利益」(Best Interest)の保障である。その実現を妨げるのが〝ダメ上司〟であるならば、なんらかのアクションが必要だ。とはいえ、即座に力ずくで対応しようとするのは危険である。責められれば人は保身に走りはじめる。部下との接触を拒絶し、コミュニケーションがとれなくなるとの事態を招きかねない。実は、こうした事態を防ぐための取り組みが、上司育成という発想のなかには隠されている。

この点を明確にするために、組織の繁栄に関する重要な事実を紹介しよう。成功を収める企業には、大きな共通点がある。それは、上司が部下育成を自らの重要な責務だという認識を示しているのと同様に、部下も上司を育てるといった発想で業務に取り組んでいるとの事実である。

近年、わが国の経済界で高く評価されるリーダーは、カルロス・ゴーン氏(日産自動車)、御手洗富士夫氏(キヤノン)、中村邦夫氏(松下電器産業)、武田國男氏(武田薬品工業)などだ。彼らの実績を評価するうえで見逃してはならないことがある。それは、彼らがすばらしい成果を収められたのは、よき部下の功績によるところが大きいという点だ。つまり、よき部下の存在(この上司に実績をあげさせたいと強く願う部下の存在)が、彼らを日本を代表するリーダーへと育てあげたのである。

「上司育成」という発想を行動に移す際に、重要なポイントになるのは、上司の視点に立つことだ。先に紹介したコッターの言葉を借りれば、「上司にとっての組織上および個人的目標は何か、上司の感じているプレッシャーはどんなものか」を考えることである。さらには、「上司の得意とする分野は何で、逆に弱点は何か」を考える。そのうえで部下であるあなたが、どんな貢献・協力ができるか考え、行動を起こすのである。

〝ダメ上司〟がいるからこの職場に未来はないとあきらめてはいけない。あなたが失望し投げ出してしまえば、組織の発展は本当にジ・エンドとなる。

職場の未来を切りひらけるのは、プロ意識あふれるあなたである。長く苦しい旅路となるかもしれないが、よき上司の育成に向けて、確かな一歩を踏み出そう。

文　献

1）Maccoby, M.：“Narcissistic Leaders：The Incredible Pros, the Inevitable Cons”(reprinted version, first published in HBR January-February 2000). Harvard Business Review, January 2004, pp.92～101.

2）Biestek, F.P.：The Casework Relationship. London, Allen & Unwin, 1961.

3）Morita, A.：Made in Japan：Akio Morita and Sony, Peguin (USA). 1987（盛田昭夫・下村 満：メイド・イン・ジャパン―わが体験的国際戦略．朝日文庫，1990）.

4）ジョン・P・コッター：リーダーシップ論．ダイヤモンド社，1999.

5）McGee, K.：BEST PRACTICE：Give Me That Real-Time Information. Harvard Business Review, April 2004, p.26.

6）McGee, K.：Heads Up：How to Anticipate Business Surprises and Seize Opportunities. Harvard Business School Press, 2004.

This Chapter's Points

本章で学んだこと

ポイント① 対応策を講じるまえに、まず〝ダメ上司〟の典型的な特徴を把握せよ。

〈ダメ上司の特徴〉

・他の職員の意見、要望、批判に過剰反応する。
・人の話を聞かない。
・相手の立場に立てない。
・研修やスーパービジョンの大切さを認めようとしない。
・部下を過剰にライバル視し潰そうとする。

ポイント② 〝ダメ上司〟の大きな影響力を見落とさない。

・影響①：意欲あふれる職員のモチベーションを低下させる。
・影響②：将来の職場を担うであろうすばらしいセンスをもつ人財が職場を去る、人財流出現象が加速する。
・影響③：職場全体の士気が低下し、慢性的なサービス低下状態がもたらされる。

ポイント③ 上司に変化を要求する前に、まず自分が変わる。

どの業界における業務改善の取り組みも最初の一歩は同じだ。常に、改善の必要性に気づいた人の自己変革からはじまる。他者が変われば自分も変わるという後ろ向きな発想では、変革はいつまでたってもはじまらない。

ポイント④　上司に対する過剰な期待を捨て去る。

人に完璧さを求めるのは愚の骨頂である。上司は万能の神ではない。過剰な期待がかけられれば、上司はプレッシャーで潰されるか自分の殻に閉じこもり、プレッシャーから逃げようとするだけだ。タイムリーで達成可能な課題を上司に示し、一緒に協力して取り組もうと提案しよう。成功体験を積めば、〝ダメ上司〟も自信を取り戻せる。より大きな目標達成に向けて動き出せる。

ポイント⑤　現場の情報を的確に伝え、危機意識の共有に努める。

上司が行動を起こせない原因は、現場情報の不足だ。いま現場は何で困っているか理解していないので、明確な指示が出せない。現場と危機感を共有できない。「うちの上司は現場を知らない」と批判に終始するのではなく、現状を的確に伝え危機感の共有に努めよう。

ポイント⑥　上司を育てるという姿勢で、上司と向きあう。

〝ダメ上司〟を放置したり、見捨てたりするかぎり、職場の業務改善はあり得ない。上司の弱点や長所を押さえたうえで、上司育成の具体的指針をつくりあげ、行動を起こそう。

第9章

ストレスマネジメントのスキルを身につけ、どんなときも最善のサービスが提供できる人財をめざそう

How to break the status quo : the complete guide to becoming a competent social / care worker

福祉の実践現場で働く人に向かって私がいま最も強く訴えること

「ストレスとうまくつきあっていく方法を身につけてください」。私は福祉職員を対象とした研修会に講師として招かれるたびに、参加者にこう訴える。施設長や事務長など、管理職以上の人を対象にした研修会であれば、テンションはさらに高まる。熱い口調でこう語りかける。

「ストレスマネジメントの大切さとその具体的方法を学び、ストレス耐性の高い職場づくりをめざしてください。それが管理職であるみなさんの重要な使命であることを忘れないでください」。

ストレスマネジメントとは、ストレスとうまくつきあうために実施する一連の取り組みを指す。ストレス耐性とは、ストレスに耐える力がどの程度あるか、その度合いを指す。耐性が高いほどストレスに耐える力が強く、低ければストレスに弱いとの意味である。

ストレスマネジメント不在の職場には人財喪失の魔の手が忍び寄る

さて、ここで確認しよう。なぜ、私はことあるごとに、ストレスマネジメントの大切さを訴えるようになったのだろうか。それには大きな理由がある。福祉の実践現場に存在するストレスの大きさが軽視され、何の対策も講じられずに放置されれば、悲劇的な事態を迎える可能性が高くなるとの事実を、多くの福祉事業者との長年にわたるかかわりをとおして、そして実践現場で働らく人のストレスに関する内外の研究報告をとおして、学んできたからである。

どの領域であるかにかかわらず、福祉の現場で働く人の労働環境は、きわめて厳しい。ぎりぎりの職員配置で働いているし、すべての職員がプロとして十分な知識や技術を有しているとは限らない。一部の職員が未熟なために、他の職員がカバーせざるを得ない状況が発生する例は枚挙に暇《いとま》がない。手助けしてもらう職員はいいが、カバーする側に回る職員は強いストレスにさらされる。この状況が長期間続けば、どんなに強い使命感をもって働く職員であっても疲労の色が濃くなる。大きなストレスにさらされ、ぎりぎりの状態まで追い込まれる。

見落としてはならないのは、たとえ一人の職員から端を発したストレスであっても、それが職場全体に広がり、士気低下、チームワークの崩壊、マンネリズムの蔓延など、サービスレベルの低下をもたらす場合が多い点だ。職場全体への悪影響という点で、とりわけ深刻なのは人財喪失現象の発生である。その発生パターンは2つに大別できる。

一つは、優れた力をもつ職員の退職によって生じるもの。思うような仕事ができない状況に失望し、職場を去るパターンである。他の福祉事業所で再チャレンジする場合もあれば、福祉の仕事に見切りをつけ他の業界に転出する場合もある。前者の場合は他の職場でよき人財として活躍する可能性があるが、後者は福祉の世界からの永遠の旅立ちを意味する。

もう一つの人財喪失現象は、誰かが職場を去って発生するものではない。十分に業務がこなせない職員が、半ば開き直った態度で職場に居座わり続けるかたちで発生するものだ。ただし、彼らは就職当初から職場のサービスレベルを低下させる、質の低い職員であったわけではない。この点は要注意だ。

彼らもかつては輝きを放っていた。強い使命感とやる気をもった熱い職員たちであった。そんな彼らの行く手を大きなカベが遮った。理想と現実のギャップである。どうすればギャップが埋められるか、彼らにはノウハウがなかった。その方法を教えてくれる先輩もいなかった。しだいに彼らは大きなストレスを感じはじめた。

「思うような仕事ができない」「このままじゃダメだとわかっているけど、どうすればいいかわからない」。そんな思いが彼らを容赦なく苦しめた。ストレスは日を追って大きくなっていく。矢尽き刀折れるのはもはや時間の問題であった。やがて、ストレスは耐え難いほど大きなものになる。精神的に追い込まれた彼らに残されたチョイスは、２つしかなかった。職場を去るか開き直って現状をよしとするか、のどちらかである。迷った末に、彼らが選んだのは、「この程度の仕事で我慢するしかないんだ」「これでいいじゃないか」という開き直りであった。こうして彼らは、低レベルな業務内容を正当化する職員に成り果ててしまったのである。

ことここに至っては、もはや彼らを〝人財〟とは呼べない。職場には在籍するものの、利用者本位サービスを支える存在としては、いなくなったも同然である。こうして人財喪失と呼ぶべき状態に陥ってしまったのである。

あなたの事業所が「ストレッサーが蔓延する職場」の特徴を示していないか、チェックせよ

人財喪失現象を回避するには、速やかな行動が欠かせない。その重要な第一歩になるのが、現実直視である。あなたの職場がどれくらい強いストレスにさらされているか、危険度をチェックする行動

263-00714

だ。なぜ、現状チェックから行動開始するのか。その理由は明快だ。「このままではいけない」との強い危機意識が、マンネリズムの罠《わな》にはまった人や組織を目覚めさせ、よりよき状態へと突き動かす原動力になるからである。

ここでは、その方法として、あなたの職場がどれくらいストレス度の高い職場の特徴を示しているかを調べる簡易チェック表を紹介する。

あなたの職場のストレス蔓延度チェックリスト

使用法 「私の職場はどちらかというと、○○の状況にあるような気がする」という視点から、つぎの質問項目について、「はい」の場合は○、「いいえ」の場合は×をチェック欄に書き入れてください。

	チェック ○×
①職場の雰囲気が暗い、空気が重い（職員、利用者の表情に笑顔が少ない、活気がない）。	
②利用者に対する言動が指示的、威圧的であったり、投げやりであったりする。職員がいるが誰も注意せず、ほったらかしになっている。	
③職員間で、笑顔であいさつが交わされる場面が少ない（出勤時に、あいさつをしない職員が複数いる）。	
④職員間で相手の働きを認めたり、ほめたりすることがあまりない（一生懸命やっても、適当にやっても評価は同じといった雰囲気が職場全体に蔓延している。職員間で、「ありがとう」「助かりました」「お疲れさまでした」などと相手をほめたり、ねぎらったりする言葉があまり交わされない）。	
⑤業務目標があいまいで達成感が得られないまま働き続けている職員が多い（具体的に今年度どんなことに重点を置いて働くのか明確な目標がない、ただ漫然と日々の業務を繰り返すだけで達成感が得られない）。	
⑥「失敗するのは職業人として恥」「些細なミスでさえ許さない」という雰囲気が職場内にあるため、職員が萎縮している（その結果、失敗を隠すという文化ができあがってしまっている。同じ失敗が繰り返されるという事態が頻繁に起こっている）。	

⑦ケース記録や業務日誌の内容・記しかたが稚拙かつずさんである（「忙しくて記録なんて書く暇がない」「書いても意味がない」といった雰囲気が蔓延している。記録を書いていると、他の職員から、「そんな暇があるんなら仕事をしてよ」という無言のプレッシャーを受ける）。

⑧職員の価値観（利用者観、援助観等）がバラバラで、結果的にバラバラのケアになっている（各職員が自分が正しいと思いこんでいるやり方で仕事をするため、不統一なバラバラの業務スタイルになっている）。

⑨職員間の連携や人間関係がわるいために、レベルが低いケア体制になっている。これが利用者の情緒不安を引き起こしたり増長させたりして、結果的に行動障害を示す利用者の増えるという悪循環を生み出している。

⑩トップや上司が、職員の心のケアの重要性に気づいていない（ストレスマネジメントに関する具体的な指針を示したり、対策を講じたりして職員のストレス軽減を図る取り組みが十分になされていない）。

簡易判定表

○が0の場合：職場全体が強いストレスにさらされている可能性がきわめて低い。
○が1〜3個以内：軽度のストレス状態。
○が4〜6個以内：中度のストレス状態。
○が7個以上：重度のストレス状態に陥り、危険な状態。

注：これはあくまでも目安である。一つのチェックが付くだけでも、強いストレスがかかっている場合もあるので、油断禁物である。

10項目の質問に対して、○をつけた数（すなわち、「はい」と答えた数）が多ければ多いほど、あなたの職場はストレスが蔓延しやすい環境に大きく傾いている可能性が高い。万が一、わるい結果が出たとしても、失望してはならない。チェックは、あなたを奈落の底に突き落とすためではない。ストレスマネジメントへの取り組みが焦眉《しょうび》の急であるとの強い危機意識を抱いてもらい、速やかに行動を起こしてもらうためである。

たとえ今回のチェックでよい成績がとれたとしても、油断は禁物だ。あなたがおかれている私的生活環境、あるいは職場環境の変化によって、突然大きなストレスにさらされるケースが少なからずあ

263-00714

るからだ。備えあれば憂いなしである。いつ何時、大きなストレスにさらされても、最悪の事態に至らずうまく対応できる。そんな職場環境の確立に向けた努力がいま、求められているのである。

ストレスマネジメントへの職場レベルでの取り組み

ストレスマネジメントの実施形態は、組織レベルと個人レベルに大別できる。職場レベルで実施する際には、少なくとも2つの取り組みが欠かせない。一つは学ぶ機会の提供である。外部研修会に職員を派遣したり、職場内で独自に研修会を開催したりして、ストレスマネジメントに関する知識と技術を職員に習得してもらう機会を提供する試みである。書籍、インターネット、保健福祉関連専門誌、新聞などを利用してストレスマネジメントに関する情報を収集し、それを職員に提供する試みも、学ぶ機会の提供の一つと言える。

職場レベルで実施すべき、もう一つの取り組みは、知識を実践化する作業である。学んだ知識や技術を総動員して、職場に大きなストレスをもたらす要因(ストレッサー：Stressor)の削減を図る。そんな実践的な取り組みに取りかかる。具体的な実施手順は、つぎのとおりだ。

①ストレッサーの特定

職場内に職員で大きなストレスを与えている諸要因がないか、チェックする。

②優先順位の設定

ストレッサーの特定後、どの要因から順番に取り組むか、優先順位を決める（職場に対する影響度の大きさ、緊急性の高さなどを考慮して、決定する）。

③対応策の立案

優先順位が高いとされるストレッサーから順番に、適切な対応策の立案を行う。

④対応策の実施

対応策を実行に移し、ストレッサーの削減を図る。

⑤進捗状況のチェック

一定期間をおいて、進捗状況をチェックする。目的が達成できた場合は、つぎのプロセスである終結段階に移行する。目的がうまく達成できなかった場合は、何が原因でうまくいかなかったのか、精査する。そのうえで、③対応策立案のプロセスに戻り、実効性ある対応策の作成に再チャレンジする。

⑥取り組み終結

「取り組み終結」と表現しているが、これはあくまでもストレッサー削減に向けて実施した、最初の取り組みが終了したとの事実を示すものにすぎない。たとえ、最初のトライでストレッサーの削減に成功できたとしても、未来永劫その状態が続くわけではない。利用者や職員の入れ替わり、利用者の健康状態の悪化、介護状態の重度化、制度改革にともなう勤務体制の見直しなど、職場を取り巻く環境の変化によって、新たなストレッサーが発生する場合がある。一度削除したストレッサーがなんらかの理由で再生する場合もある。ストレッサー削減への取り組みは、終わりのない仕事である。一定期間をおいて、一連のプロセスを繰り返す。そんな継続的な取り組みであることを決して忘れてはならない。

ストレスマネジメントへの個人レベルでの取り組み

続いて、職員個々のレベルで取り組むストレスマネジメントについて紹介しよう。これも2つの必須要素から成り立っている。一つは、知識習得に向けた行動である。必要な知識・情報を、書籍、インターネット、保健福祉専門誌などに目をとおして積みあげていく。ストレスマネジメントに関連する研修会、勉強会、セミナーなどがあれば可能な限り参加する。その他、研修会で出会った専門家のもとを訪ねて勉強するなど、さまざまな方法が考えられる。

個人レベルでの取り組みで留意すべきは、誰がコストを負担するかという点である。学びに必要な資金と時間は、誰が出すかという問題だ。答えは言うまでもない。自分で出す。これが基本である。個人レベルの取り組みは、職務命令によるものではない。あくまでも、プロとしてさらなる成長を果たすための自主的・自発的取り組みであるからだ。

もう一つの取り組みは、ストレスを溜め込みやすい業務姿勢との決別である。いままでの業務姿勢を点検し、ストレスとうまくつきあえる業務姿勢への転換を図る。ここでは、その際に留意すべきポイントを紹介する。強いストレスにさらされやすい福祉の世界で、常に最善のサービスが提供できる職員となるために、いざ、行動開始だ。つぎに示す8つの業務姿勢（文献1）を身につけ、福祉の職場を支える真の人財となろう。

①一人で仕事を抱え込まない

使命感が強い人ほど、人に頼らず、自分だけで業務をこなそうとする。たとえ仕事ができる人であっても、この姿勢をもち続けるのは危険だ。抱え込む姿勢をみせると、周りの職員が手を出しにくくなり、「この人が一人でやってくれるだろうから、やらせておけばよい」と任せっきりになる。その結果、一人ではこなせないほどの業務を抱え、ストレスに押しつぶされるとの事態を招きかねない。

本当に仕事ができる人は、自分がやれる業務であっても、他の職員に任せる姿勢を示す。その理由は3つだ。第一の理由は、よき後輩を育てるため。第二は、ある業務に対して自分だけしか対応できない状況をつくっておくと、万が一、自分が転職したり、仕事を休んだりしたとき、業務に支障がでてしまう可能性が高くなるから。第三は、一人で仕事を抱え込むことによって生じるストレスの怖さを熟知しているからである。

②優先順位を決めて仕事をする

優秀な職員はどんな人か。多くの仕事を一気にこなす人ではない。そんなやり方をすれば、荒っぽい雑な業務スタイルになるか、十分に仕事をこなしているわけでないのにやっているつもりなっているか、のどちらかになる。思うような結果が出せないので、ストレスは溜まる一方だ。優秀な職員は一気に物事を片づけようとしない。重要なものから順番に、一つひとつ片づけていく。一つずつ無理せずに取り組んでいるのでいい結果を出す確率が高くなる。自信とゆとりをもって業務をこなせるようになる。

③完璧主義の呪縛から自分自身を解放する（完璧主義との決別を図る）

完璧に業務をこなせるようになりたい。職業人として働いていれば、誰もが抱く願望だ。たしかに、日々の業務のなかには、完璧にこなさなければならないものがある。手順を誤れば、利用者の生命や

263-00714

健康に危機を及ぼしたり、生活の質を低下させたりする可能性がある業務が存在するのは揺るがし難い事実である。これだけは必ず完璧と言えるレベルでこなせなければならないというものに対しては、そのレベルに達するよう努力するのは当然のことである。

しかし、福祉の実践現場に存在するすべての仕事を完璧にこなすのは現実的には不可能だ。たとえば、利用者の要望について考えてみよう。彼らが示すすべての要望に対して〝完璧〟に対応できるだろうか。応えたくても人的制約、経済的制約、提供できるサービスメニューや内容面での制約、あるいは、制度上の制約など、さまざまな要因のために、要望に添えないケースが少なくない。また、利用者と家族との要望が異なり、調整に四苦八苦するとのケースもある。この場合、利用者の最善の利益を保障するとの観点から適切な支援をしなければならないが、間に入る職員の心労は計り知れない。

だからこそ、ここでしっかりと確認しなければならない。プロとしてすばらしい実績をあげる〝できる〟職員とはどんな人を指すのだろうか。何でもかんでも完璧にこなせるから、そう呼ばれるのではない。できない部分にしっかりと向きあい、必要性がある場合には、できるようになるための努力を厭《いと》わないので、〝できる〟職員と呼ばれるのである。

すべて完璧でなければならないとの思いこみは、とても危険だ。耐え難いほど大きなストレスを人にもたらす。「ミスを犯すのは恥だ」「うまくできないことがあるのは恥だ」との発想を生み出していく。これがミスを隠す姿勢を生じさせる。ミスを直視せず、ミスからよりよきサービスへの教訓を学ぼうとしないので、さらに大きなミスを犯す悪循環に陥っていく。

悪循環を断ち切る最良の手段は、完璧主義との決別である。この世に完璧な職業人など存在しない。プロとしてできないことがあるのは恥ずべきことではない。できないことがあるのを隠そうとする姿勢が恥ずべきことなのだ。できないことをできるふりをすること、あるいは、できるようになるための努力を放棄することが批判されるべきことなのである。

④自分のペースで着実に成長するとの姿勢をもつ

職業人として、成長していくスピードは人それぞれだ。もの凄い勢いで成長する人もいれば、ゆっくり着実に右肩上がりに成長する人もいる。重要なのはスピードではない。自分のペースで着実に成長することだ。利用者によりよきサービスを提供する職員として、一歩一歩、階段を上っていくことである。職業人としての成長はマラソンに似ている。スロースターターのタイプなのに、先行逃げ切り型の猛ダッシュで勝負を挑めばどうなるか。途中で音をあげ、惨憺《さんたん》たる結果を招いてしまうのは火をみるよりも明らかだ。過剰なストレスが身体を襲い、痛めつけてしまうからである。自分にあったスピードで、職業人としてのレースに挑む。これが、常に快適な心身の状態で、職業人生活を送る重要なポイントである。

⑤輝いていたあの頃の経験を思い出し、ポジティブな自己イメージと自信を取り戻す

仕事上のつまずきやトラブルなどで自信喪失状態に陥り、自分をプラスのイメージでとらえられなくなったときは、過去の成功体験を思い出すという取り組みにチャレンジしてみよう。子どものときにかけっこをして一番になったこと。遠足に行って楽しかったこと。夏休みの宿題で昆虫の標本を提出し「すごい」と先生にほめられたこと。青春時代にはじめて異性に告白してうまくいったこと。どんな事柄でもよい。あなたに喜びをもたらしてくれた経験を可能な限り思い浮かべてみよう。ポジティブな記憶の呼び起こしが、ポジティブな自己イメージの回復につながるからである。ストレスで失いかけていた自信を取り戻すきっかけとなるからである。

⑥仕事を忘れられる趣味をもつ

ストレスとうまくつきあうためには、思い切って仕事を忘れる瞬間が必要だ。ただ漫然と休日を過ごすだけでは、心の疲労はとれない。真の意味でいい仕事をする職業人になるためには、心のリフレッシュ（あるいはリセット）が欠かせない。

リフレッシュをもたらしてくれる趣味や活動がある人は、それを心ゆくまで楽しむ時間を確実にとる。残念ながら、思い当たるものがない人は、探し出す努力が必要だ。フィジカル系の活動であれば、山歩き、ドライブ、カヌー、ダイビング、水泳、スキーなど。文化系の活動ならば、編み物、お菓子づくり、パンづくり、語学学習、ガーデニングなどが考えられる。心から楽しめると思えるものなら、どんな活動でもよい。リフレッシュできる活動をみつけ出し、気分転換の達人になろう。

⑦職場外によき相談相手を確保する

悩みや困りごとで袋小路に迷い込んだとき、あなたを助けてくれるのは職場の同僚、先輩、上司であるとは限らない。悩みの原因が職場の人間関係にある場合はなおさらである。下手に誰かに相談をすると、情報が漏れてしまい事態が悪化する危険性がある。ストレスで心が押しつぶされそうになったとき、大きな力になるのが同業者ネットワーク、いわゆる人脈である（人脈の大切さや築きかたは第6章で詳述したのでご参照あれ）。職場外の人との関係は利害関係が薄く、しがらみも少ない。苦しい胸の内を忌《き》憚《たん》なく語り合う関係が築きやすい。たとえ、問題解決に直結するような助言をもらえなかったとしても、ストレスを抱えている人にとって、話を聞いてもらう機会があるのは、きわめて重要である。思いを語ることが、心の重しを取り除く大きな効果を発揮するからだ。ストレスから解放されるきっかけをつかむことにつながるからである。

263-00714

⑧専門医の力を借りることを躊躇しない

ストレスとのつきあいで、非常に頼りになるのは心のケアを専門とする医師である。もし、あなたがつぎのような点でいくつも思い当たる事柄（文献2）があるとすれば、専門医のもとを訪ねることを強くお薦めする。

・何となく体調がすぐれなくて、内科や外科を訪ねたが、身体面に全く問題ないと言われた。
・最近、気分が落ち込んだり、不眠状態が続いたりすることが多くなった（逆に、最近、とても眠気が強くなった）。
・仕事中であっても睡魔に襲われ、こっくりこっくり船をこぎそうになる場面が急増した。
・このところ、食欲に著しい増減がある。
・体重に著しい増減がある。
・疲労感や倦怠感が強く、身体に力が入らない。
・自己嫌悪感が強く、自分は役に立たない人間ではないか、との思いが頻繁に頭をよぎる。

専門医の協力を得て、適切なアドバイスや治療を受ければ、かつて放っていたまばゆいばかりの輝きが取り戻せる。介護の現場には、プロ意識あふれるあなたを必要としている。専門医との共同作業で、心のメンテナンスを図り、もてる力を存分に発揮する職員になろう。

文　献

1）久田則夫：どうすれば福祉のプロになれるか　カベを乗り越え活路を開く仕事術．中央法規出版，2004．

2）Dearman，S.P.，：Early Warning Signs．Community Care，27 November：pp.36～37，2003．

※本章は、『介護人財育成』（日総研出版）に記した拙文、「マンネリ打破の仕事術：ストレスマネジメントのスキルを身につけ、どんなときも最善のサービスが提供できる人財を目指そう」を加除筆修正したものである。

263-00714

This Chapter's Points

本章で学んだこと

ポイント① ストレスマネジメントの大切さが認識されていない職場では、人財喪失現象が発生する。ストレスとどう向きあい、つきあっていくか。そのノウハウが共有されていない職場では、優秀な人がどんどん辞めていったり、かつてはいい仕事をしていた人が低レベルな業務に手を染めはじめたりする、人財喪失現象の発生が止まらなくなる。

ポイント② あなたの職場のストレス蔓延度をチェックする。人財喪失現象回避の第一歩は、あなたの職場にどれくらいのストレッサー（ストレスをもたらす要因）があるかをチェックすることからはじまる。

ポイント③ 職場レベルでのストレスマネジメントは、ストレスに関する知識や情報共有に向けた取り組みとストレッサー削減に向けたアクションの2つからはじまる。ストレスマネジメントに関する知識や情報の共有手段として有効なのは、職場内研修会の開催だ。職場のメンタルヘルスに詳しい専門医（専門家）を読んで、知識の共有に努めよう。ストレッサー削減に向けた具体的行動は、①ストレッサーの特定、②どのストレッサーから削減するのか優先順位の設定、③削減に向けた対応策の立案、④対応策の実施、⑤進捗状況のチェック、⑥取り組み終結、という手順になる。

ポイント④ 個人レベルで取り組むストレスマネジメントは、知識・情報の収集と、ストレスが軽くなる行動パターン習得の2つに整理できる。

知識・情報の収集は、書籍、インターネットによる検索、研修会への参加などが考えられる。ストレスが軽くなる行動パターンとして身につけるべきものはつぎの8つである。

①一人で仕事を抱え込まない。
②優先順位を決めて仕事をする。
③完璧主義の呪縛から自分自身を解放する。
④自分のペースで着実に成長するとの姿勢をもつ。
⑤輝いていたあの頃の自分を思い出し、ポジティブな自己イメージと自信を取り戻す。
⑥仕事を忘れられる趣味をもつ。
⑦職場外によい相談相手を確保する。
⑧専門医の力を借りることを躊躇しない。

263-00714

第10章

逃げの姿勢で転職を繰り返しても職業人として明るい未来は手に入れられない

―よりよき転職の決め手はあなた自身の姿勢にある

How to break the status quo : the complete guide to becoming a competent social / care worker

「もう耐えられない」——ある介護職員の憂《ゆう》鬱《うつ》

「こんなはずじゃなかった」―3か月前にいまの職場に転職したAさん（介護職・女性　31歳）はこう呟きながら肩を落とした。

彼女にとって、転職は2回目であった。短大卒業後、最初に勤めたのは一般企業。6年間勤め、責任ある仕事も任されるようになったが、「何かが違う」と一念発起。福祉の道を志す決意をし、介護福祉士養成課程のある専門学校に進んだ。

卒業後、彼女は特別養護老人ホームで介護職として働きはじめる。それから3年の月日が経った。もう限界であった。介護の質がきわめて低い。このやり方ではダメだと同僚や先輩に訴えたい。でも、反発を受けるのが怖くて何も言えなかった。「何とかしなければ」との思いだけはあるが、行動がともなわない。気がついたときには、自分自身も低レベルなケアに手を染める職員になっていた。

「もう、ダメだ」。彼女は2度目の転職を決意した。幸いすぐに新しい職場がみつかる。開設3年目を迎える特別養護老人ホームだ。面接の際に訪ねた施設の印象は鮮烈であった。建物が新しく明るい雰囲気。職員さんの動きも、元気いっぱいだ。キビキビとした動きで飛び回っている。みるものすべてがよくみえた。施設長の方針も明快であった。「うちは、利用者に寄り添うケアをモットーにしています」と説明してくれた。

「ここは、いままで勤めた施設とは違う」。彼女の期待は大きくふくらむ。もちろん、よい話ばかりではなかった。施設は交通アクセスが不便なところにあり、車での通勤時間がこれまでより20分くらい増える。給与も2割くらい下がってしまう。マイナス要因がいくつかあったが、「今度こそ達成感が得られそうだ」。そんな期待が就職を決意させた。

期待に胸をふくらませて働きはじめた彼女を待ち受けていたのは、厳しい現実であった。

転職がすばらしい門出になるとは限らない

「何よ、これ。前の職場と同じじゃないの！」

2度目の就職先にも、彼女に高い満足感をもたらしてくれる〝青い鳥〟はいなかった。

ケアのレベルは、3か月前まで勤めていた施設と大差ない。排泄ケア、入浴ケア、着替えなどが、第三者から丸みえの状態で行われていた。利用者に対する言動も、とてもプロと呼べるものではなかった。「○○してよ」「○○してって、言ってるでしょ！」などと命令的・指示的な言葉づかいが、当たり前のように使われていた。「どうして○○するの」「○○しちゃダメって言ったでしょ！」などと、利用者の行動を責める叱責的言葉づかいも頻繁にみられた。

認知症の高齢者に対するケアは目を覆いたくなるほど低レベルであった。たとえば、ホーム内のあるユニットには、帰宅願望の強い利用者が住んでいた。「私、家に帰りたい」と頻繁に訴えてくる彼女に対して、職員は「何言ってるの。帰れるわけないでしょ。またお嫁さんに叱られるよ」と命令的口調で対応していた。食事を食べたことを忘れ、「わしゃ、お昼ご飯食べてないよ」と訴えてくる別の利用者に対しては、「何言ってるの？　いい加減なこと言わないでよ。ちゃんと食べさせてあげました。冗談はよしてよ。全く！」と、利用者の言動を責めたてるような対応がなされていた。

面接のときに、素敵な笑顔で対応してくれた施設長も、職員として一緒に働き出すと違った一面がみえはじめた。現場には一切口が出せず、〝寄り添わぬケア〟が行われていても、みてみぬふりをしていた。取り柄は、理想論を唱えることとにこやかに振る舞うことだけ。寄り添うケアの実現に向けて、現場を引っ張るリーダーシップは全くもちあわせていなかった。

この職場にも、田中さんが追い求める理想のケアは存在しなかった。就職してたった3か月であるが、彼女は3度目の転職を決意し、就職活動再開の準備に取りかかった。

逃げの姿勢から生じた転職では、理想の仕事は手に入れられない

「今度こそ、よい職場を探さなきゃ」。決意を新たにした彼女に幸せを運ぶ〝青い鳥〟はみつけられるだろうか。残念ながら、その可能性はきわめて低い。たとえ3度目の転職が果たせたとしても、〝青い鳥〟に出会うことは不可能に近い。なぜなら、彼女は「逃げの転職願望」に基づく転職パターンに陥っているからである。

「逃げの転職願望」とは、「現状から逃れたい」「この状況と決別したい」との思いから生じる転職願望を指す。何かを実現するために転職するという明確な目的があるのではなく、現状から逃れたいという逃げの姿勢から生じる転職願望である。

この姿勢を示す人たちの最も大きな特徴は、「ここがダメ」「ここがいけない」と職場の問題点をあげつらうのは得意だが、解決のための具体的行動を率先して起こすのは苦手だという点だ。人に変化や改善を要求するばかりで、自分は変わろうとしない。自分自身が低レベルなケアに手を染めている

263-00714

場合であっても、行動パターンは変わらない。自分がそうなってしまったのは他の職員のせいであり、自分に非はないとの態度をみせる。

自分の職業人としての資質や姿勢には問題がないのだから、職場を変わりさえすれば、よい仕事ができると固く信じている。ひどい状況にある現状から逃げ出し、完全無比なすばらしい職場に移りさえすれば、バラ色の職業人生活が手に入れられると甘い夢を見続けている。これが「逃げの転職願望」で、転職を繰り返す人たちに共通の思考パターンだ。

「逃げの転職願望」に陥った人たちに伝えたい。すばらしい職場に移りさえすれば、よい仕事ができるようになるというのは、幻想にすぎない。職業人として飛躍できるか否かは、現在の職場がすばらしい職場であるかどうかで、決まるのではない。問題や課題に直面したとき、自分自身がプロとしてどんな行動をとるかによって決まるのだ。問題や課題にひるまず立ち向かい、解決や達成を図ろうとするか。それとも何もせずに、ただ逃げ回るだけに終わるのか。どちらを選択するかによって、職業人としての未来が決まるのである。

何が転職の成否を左右する決め手になるか。この点について、新聞記者や会社経営者を経て、作家に転身した嶋津義忠氏が非常に含蓄ある見解を示している。彼は「フジサンケイ・ビジネスアイ」（2005年1月26日）紙上で、「転職の動機が問題や困難から逃げることにあるかぎり、転職は実り豊かなものにはならない」と転職予備軍の皆さんに厳しいメッセージを送っている。

彼の鋭い指摘は続く。余儀ない転職であろうと、よいより条件を求めての転職であろうと、成功するかどうかの決め手は、転職先にあるのではない。転職者自身の姿勢にあると断言する。そのうえで、転職に関する彼の思いをこう表現した。「新しい職場を自ら紡いだ夢に向けての第一歩の場とする。そういう挑戦の気概がなければ、転職は成功しない」。

転職を志すのであれば、「攻めの転職願望」によって行動する人をめざせ

転職するにせよ残るにせよ、大切なのは職業人として何をしたいかだ。対人援助のプロとして、達成をめざす明確な夢や目標をもつこと。そして、実現に向けて努力邁進する行動力が求められているのである。「どんな労苦が待ち受けていようとも、必ずや大きな夢を実現してみせる」。こんな熱い思いから生じる転職願望、すなわち「攻めの転職願望」から生じる転職活動でなければ、職業人としての飛躍につながる転職は実現できない。

もし、あなたがいま転職を希望する状態にあるのであれば、自分自身に問い正してみよう。「なぜ私は転職を希望するのか」「転職して何をしたいのか」。

明確な答えが示せないのであれば、現状逃避の気持ちから生じる転職願望の可能性が高い。すでに記したように、このような姿勢では、職業人として大きな飛躍につながる転職は実現できない。

では、どうすれば、転職を飛躍への第一歩とする前向きな姿勢を身につけられるのだろうか。そのためには2つの取り組みが欠かせない。一つは、自分がどれくらい「逃げの転職願望」に基づく思考パターンや行動パターンを示すようになっているのか、自己チェックする取り組み。もう一つは、「攻めの転職願望」を示す人たちの行動パターンを学び、習得に向けて行動を起こす実践的取り組みである。

取り組みへの着手は、いますぐが鉄則だ。「そのうち時間をつくって行動を起こします」「いま、忙

逃げの姿勢から転職を繰り返しても
“青い鳥”はみつからない

263-00714

しいので後でじっくり行動します」などといった悠長な姿勢は厳禁である。私の経験で言わせてもらえば、このような姿勢を示す人の多くは、いつまでたっても行動を起こさない。問題を先送りするだけで終わる。プロフェッショナルな職業人に求められるのは、即断即行である。いまこの場で決断を下し、いざ行動開始だ。早速、第一の取り組みである自己チェックにチャレンジしよう。

自分自身が「逃げの転職願望」に陥っていないか自己チェックせよ

チェックは「逃げの転職願望度チェックリスト」を用いて実施する。使用方法は簡単だ。このリストに記されている10項目の質問に○か×で答えるだけ。

チェックの際には、あまり深く考える必要はない。それぞれの項目に目をとおし、「私はどちらかといえばこの傾向を示しているな」と思う場合はチェック欄に○を書く。「示していない」と思う場合は×を書く。

チェックが終了したら、○と×の数を比べてみよう。○が多い場合は、「逃げの転職願望」に基づく行動パターンにすっかり染まっている恐れがある。×が多い場合は、その可能性が低い。

チェックの結果、半分以上が○の場合は声を大にして言いたい。転職に向けて行動を起こすのは時期尚早である。「逃げの転職願望」にどっぷりと浸かっている状態では、何度転職を繰り返しても職業人として飛躍を遂げる可能性は小さい。ただ坂道を転がり落ちるだけで終わる。

263-00714

逃げの転職願望度チェックリスト

	チェック
①困難や問題に直面すると逃げることばかり考える。	
②職場内にうまくいかないことがある場合、その原因を人のせいにしまう傾向が強い。	
③同じ失敗を繰り返す（失敗は恥だという意識が強く、失敗を隠そうとする。経験から学ばないので、同じ失敗を繰り返してしまう）。	
④利用者の最善の利益よりも、自分の都合（職員の都合）を優先させてしまう。	
⑤やらなければならないことが生じても、「できない理由」を並べ立て、動こうとしない。	
⑥職業人として達成をめざす明確な夢や目標がない。	
⑦直接援助職なのに、利用者から離れて仕事をする傾向が強い（悪気はないのだが、精神的負担の低い仕事を優先する業務スタイルに陥っている）。	
⑧現在の職場のいいところをあげてくださいと聞かれてもほとんど何も答えられない（現在の職場は最低だとの思いが強く、転職さえすればバラ色の職業人生活が待っていると漠然と思っている）。	
⑨「このやり方はいけない」「この方法は利用者の立場に立ったケアとは言えない」「これは利用者の尊厳を傷つけるようなケアだ」などと、かつて強く思っていた仕事のやり方に、いまではどっぷりと染まっている（自分の日常の業務を振り返ってみると、低レベルなケアに染まっていることが否定できない）。	
⑩現在の職場で自分が残した足跡が確認できない（自分が現在職場のレベルアップにどれだけ貢献してきたか、どのような実績をあげてきたか説明できない）。	

「攻めの転職願望」に基づく行動パターンを習得し、どこの職場に行こうとも必要とされる真の職業人となろう

この厳しい事実を受け止めたうえで、2番目の取り組みにトライしよう。先の取り組みが自己に向きあい、内面に働きかける〝静〟の試みだとすれば、ここで着手するのは〝動〟の取り組みである。どこの職場に移ろうとも高く評価される人財となるための実践的取り組みだ。

つぎに示す5つのポイントは、「攻めの転職願望」で行動する人たちの基本姿勢をまとめたものだ。これらの姿勢を身につけ、どこの職場からも喉から手が出るほどほしいと言われる超売れっ子の、スーパー職員をめざそう。

【姿勢①】最新の福祉動向や理念などを常にチェックし、プロとしていまどのような役割や使命を果たすことが自分に求められているのか、把握する努力を怠らない。

職業人として伸び続ける人は、自分はどんな役割と使命を担っているのか、確認する作業を欠かさない。時代の変化に取り残される人ではなく、時代の最先端を走る職業人となるために、福祉の動向や最新の福祉理念の習得に余念がない。

【姿勢②】いつからいつまでに、どのような目標を、どのような方法で達成するのか、明確な計画を立てたうえで行動している。

ここで言う目標とは、抽象的なものではない。具体的なものを指す。職業人として階段を着実に上

り続ける人は、どんな目標をいつからいつまでにどんな方法で取り組み達成しようとしているのか、明確なプランをもって働いている。ただ何となくいつもの定型業務を繰り返すだけ、あるいは周りに流されるだけの消極的かつ無責任な業務姿勢に陥ることはない。

【姿勢③】困難や問題に直面しても逃げ出さず、解決に向けて努力する前向きな姿勢を示す。

これはきわめて重要なポイントだ。「逃げの転職願望」に陥っている人は、困難や問題に直面するとどうにかして回避しようとする。ちょっと努力すれば解決可能な問題であっても、最初から「やっても無駄」「どうせうまくいかない」と否定的な姿勢を崩さない。どこの職場で働こうとも着実に伸び続ける人の姿勢は対照的だ。困難な状況に直面しても、逃げの姿勢は示さない。どうすれば解決できるか、解決の方法を模索する。

【姿勢④】仕事をやりっぱなしにせず、定期的に業務を自己チェックする。

着実に夢を叶えていく人は、やりっぱなしの仕事はしない。定期的な業務の自己チェックを欠かさない。目標達成に向けていまどこまでたどりついているのか、どんなカベにぶつかっているのか、現状を直視する真摯な姿勢をもっている。カベにぶつかりうまく進めなくなったときこそ、「攻めの転職願望」で行動する人の本領発揮である。「カベにぶつかったのは、何が原因か」「どうすればカベを乗り越えられるか」「どのような軌道修正をすれば前へ進めるか」、問題解決に向けた行動に力を集中させる。

【姿勢⑤】現在の職場のなかで、業務改善や問題解決など、明確な成果をあげてから転職を志すのがプロであるという強いプロ意識をもつ。

職業人としてさらに上をめざす人が最も恐れるのは、同じレベルに留まり続けることだ。彼らはそ

263-00714

れが現状埋没であり、実質的にはレベルダウンを意味することを知っているからである。あるレベルに留まり続ければマンネリの罠《わな》に陥り、やがて退行現象を示しはじめる。そんな厳しい現実を彼らは理解しているからこそ、常によりよきケアを指向するという姿勢をもち続ける。サービスのレベルアップは、継続的かつ永遠の作業である。だからこそ彼らは、その必要性が生じたとき転職を躊躇《ちゅうちょ》しない。いまの職場ではこれ以上目標達成が困難である、職業人としてさらなる成長を遂げることが困難であると判断できるとき、転職を決意する。

大切なポイントなので、誤解がないよう強調したい。彼らは何もしないで、いまの職場を去るのではない。サービス向上に寄与してきたというすばらしい実績を残したうえで、新たな職場へと旅立つ。これこそ彼らが共通に抱く、職業人としての美学であり、こだわりである。

本物の職業人となるための第一歩は、転職ではない。いまの職場で少しでもレベルの高いケアを指向する。そのためにたゆまぬ努力を積み重ねる。職業人として成長し続けるかどうかは、まさにそんな姿勢で働き続けるかどうかで決まるのである。

「私、大丈夫かな」と不安に思う必要はない。「利用者に寄り添うケアを実現したい」との熱い思いを抱くあなたなら、きっと夢は実現できる。転職によってレベルダウンを繰り返す職員となるのではなく、本当のキャリアアップを続ける職業人になれる。

自分の力を信じて、さあ、大きな一歩を踏みだそう。

This Chapter's Points

本章で学んだこと

ポイント① 現状から逃れたいという逃げの姿勢で転職しても、職業人としての飛躍は期待できない。

ポイント② つぎに示す5つの行動パターンを習得し、どこの職場に行こうとも必要とされる真の職業人となれ。

・プロとして果たすべき役割や使命を理解する。
・明確な目標をもって働く。
・困難や問題に直面しても逃げずに解決を図る、前向きな姿勢を身につける。
・定期的に業務を自己チェックする。
・職業人として胸を張れる成果をあげてから転職するのがプロだ、という強固なプロ意識をもつ。

263-00714

第 *11* 章

リフレクション・スキルを習得し、マンネリ打破を実現する真のプロフェッショナルとなろう

How to break the status quo : the complete guide to becoming a competent social / care worker

漫然と日々を過ごせばマンネリに陥るだけ

社会福祉事業所でプロとして働く読者のみなさんに質問したい。

「自分の職業人としての歩みを振り返ったとき、どの部分がどれくらい成長したか説明できますか。『私の場合、この点とこの点が成長した』と、自分が成長してきた証を具体的に示すことができますか」

さて、皆さんはどんな答えが用意できるだろうか。職業人として自分がどれくらい成長したか、その足跡をよどみなくスラスラと語ることができるだろうか。それとも、「突然そんなこと聞かれても答えられない」と頭を抱え込む状態にあるだろうか。

両者の違いは限りなく大きい。前者は、明日の福祉業界を担う貴重な人財として、着実に伸び続ける人を指す。後者は成長という観点からすれば、頭打ち状態だ。ある一定レベルにとどまったまま、成長の跡がみられない。ドップリとマンネリに浸かってしまった可能性が高い。

マンネリは実質的にはレベル低下を意味する

マンネリがもつ魔力はすさまじい。プロとしてもつべき感性や判断能力を鈍らせる。ワンパターンの定型業務を繰り返すだけの状態を、同じレベルに留まっていると錯覚させる。マンネリは決して同じレベルに留まっているとの意味ではない。実質的には、レベルダウンと同義だ。この事実は、日々競争にさらされ、油断をすれば淘汰の憂き目にあいかねない一般企業のおかれた状況をみれば、容易に理解できる。

その例として、高級ホテル業界が置かれた過酷な状況を紹介する。この業界は、いま〝黒船到来〟で大きく揺れている。２００３〜２００７年までの間に合計11もの外資系超一流ホテルが、六本木、品川、汐留などのエリアに相ついでオープンする（『日経ビジネス』２００４年12月16日号１４４頁）。

これまで揺るぎない地位を誇ってきた既存の超高級ホテルであっても、安穏としてはいられない。現状維持といった消極的な姿勢で外資系ホテルの進出ラッシュ時代を迎えればどうなるか。淘汰の荒波に呑み込まれてしまうのは、火をみるよりも明らかである。

油断をすれば、明日はない。これが既存のホテルグループの共通認識だ。強い危機感が彼らを現状打破の行動へと突き動かす。お客様から現在、ある一定の評価を受けているサービスであっても、「本当にこのままでよいのか」「別のやり方はないか」という視点で、サービスの再点検を実施する。改善点が明らかになれば、即座に行動開始だ。速やかに改善策を講じ、レベルアップを図る。どんな時代が到来しようとも、お客様に「選ばれるホテル」であり続けるために、決して手綱《たづな》をゆるめない。これが生き残りを賭けた戦いに、日々さらされている企業の現状である。

いまはまだ全般にのんびりムードのなかにある福祉業界であっても、大競争時代の波は今そこまできている。実際に株式会社、ＪＡ、ＮＰＯなど多様な事業者が参入している高齢者の在宅福祉サービスに関しては、一部の地域では利用者の奪いあいが起きはじめている。

２００７年に入り、団塊の世代が60歳代を迎えはじめれば、時代は大きく動き出す。彼らは１９４７〜１９４９年のベビーブーム時代に生まれた人たちだ。その数約７００万人。他のどの世代よりも２割から５割も人数が多い。彼らの高齢化は、社会に大きなインパクトを与える。高齢者福祉領域はその筆頭だ。彼らが65歳を迎える2012年は、文字どおり大競争時代の幕開けとなる。そうなればいま以上に、サービスの質が厳しく問われるようになる。

現在、待機者が多数おり、売り手市場の状態にある生活型施設サービスであっても油断は禁物だ。「ウチは大丈夫に決まっている」と夕カをくくってレベルアップを図れずにいれば、最新の設備や考えで参入してくる新規事業者に、新しい利用者を根こそぎ奪い取られかねない。気がついたときには、閑古鳥が鳴く状態に陥ってしまう。

こんな悲劇を迎えないようにする唯一の手だては、マンネリとの決別である。言い換えれば、よりよきサービスに向けた行動が求められているのである。

マンネリ打破の第一歩は、強い危機意識と使命感を兼ね備えたあなたからはじまる

それでは、いったいどうすればマンネリと決別できるか。ここでは、組織をあげての取り組みではなく、職員一人ひとりが強い決意をもってマンネリ打破に取り組むとっておきの方法を紹介したい。

このように記すと、ややとまどいを抱く人がいるかもしれない。実際、福祉職員を対象とした研修会の場でマンネリ打破の手法について説明すると、こんな疑問の声があがる場合がある。

「ちょっと待ってください。マンネリ打破は組織全体の課題であるから、個人レベルで取り組んでも意味がないのではないですか」

この意見の前半部分は的を射ている。マンネリ打破は組織全体の課題であるから、事業所全体で取

り組む必要があるとの意見に異論はない。しかしながら、後半部分については異を唱えねばならない。個人レベルでのマンネリ打破へのチャレンジは意味がないどころか、大変意味のある重要な取り組みだ。

どんな組織も、マンネリ打破の第一歩は、組織全体の取り組みからはじまるのではない。一人の問題意識の高い職員（社員）の勇気ある行動からはじまる。

トップがその役割を果たす場合もあれば、中間管理職や中堅クラスの社員が、その重責を果たす場合もある。「このままではいけない」「何とかしなければ」という強い危機感と使命感、そして最良のサービスを提供したいとの情熱が彼らを突き動かすのだ。

ここでいう問題意識と使命感の高い職員とは、はたして誰を指すのか。それは言うまでもない。いま、本書に目をとおしているあなたである。変革の第一歩は、あなたの周りにいる誰かからはじまるのではない。強い危機感と使命感を有するあなたからはじまる。他者の変化を期待して待ちの姿勢をとるかぎり、永遠にマンネリ打破ははじまらない。この大原則を心に刻み、さあ、行動を起こそう。

マンネリ打破を推進する真の職業人となるために、「振り返り力」の習得をめざそう

ただし、行動を起こす際には、注意すべきポイントがある。マンネリ打破の道のりは、長く険しいという点だ。どんなに熱い思いで取り組んでも、テレビドラマや映画のように簡単にハッピーエンドが迎えられるわけではない。もし、あなたがマンネリにドップリ浸かった職業人生活を長年続けてい

たとすれば、マンネリ打破にも多くの時間を要する。この点は覚悟せねばならない。大切なのは、忍耐力をもって取り組むこと。そして基本に忠実に、一歩一歩マンネリ打破への道のりを歩み続けることだ。

その際に不可欠となるのが、**「振り返り力」**の習得だ。振り返りの大切さは、介護福祉士課程や社会福祉士課程の教育を受けた者であれば、援助技術関連科目のなかで耳にタコができるくらい何度も説明を受けたに違いない。私が留学生活を送った英国でも、その大切さが専門職養成課程のなかでしっかりと教えられており、振り返りながら援助に携わっていく方法が、**リフレクション・スキル**という名称で教えられていた。

ソーシャルワーカー養成のために記されたテキストにも、リフレクション・スキルの大切さが記されている。たとえば、英国で刊行された『アンダスタンディング・ソーシャル・ワーク(Understanding Social Work)』(Neil Thompson著)というテキスト（文献1）には、優れた専門職となるためのポイントとして、実践に取り組む前と、取り組んでいるまさにそのときと、その後の3つの段階において振り返る作業が必要だと記されている。

この点はきわめて重要だ。一般に振り返りといえば、行動を起こした後に行うものと理解されている。が、社会福祉実践においては、行動を起こす前の段階、すなわち利用者が有するニーズや問題等の把握、その後に行う支援計画の策定という段階から「本当にこれでよいのか」「把握していないニーズはないか」「この計画で十分にニーズを満たせるのか」と振り返り、検証する取り組みが必要とされる。つまり実践のすべての段階で、振り返る姿勢をもち続けることが求められているのである。

続いて、「振り返り力」習得に向けた実践技法を紹介する。これは、**「振り返りノート」**を使用した取り組みである。

ノートの記入形式については、**表1**を参照してほしい。使用法は、きわめて簡単だ。まず、業務に入る前に「今日の目標」を書き込む。前夜、床につく前に記してもよいし、早めに職場にきて駐車場の車のなかや職員休憩室などで書き込んでもよい。この欄を執筆する際のポイントは3つだ。

①勤務前に記入する。
②これまでの業務（前日あるいは前回の業務）を振り返りながら記す。
③箇条書きで記す。
④ひと目で何をするのか、わかるような目標を掲げる。

④についてはもう少し説明を加えよう。「今日もがんばる」「一生懸命働く」などといった抽象的な目標だと評価する際に達成できたかどうか判断できないので、具体的な目標設定を心がける。たとえば、「○○さんと10分以上、コミュニケーションの時間をもつ」「マイペースで食事をする利用者に『早く食べてください』とせかすような言葉かけをしない」「申し送りのときに、早口になったり、ノートを棒読みになったりしないようにする。職員の顔をみながらきちんと聞いているか、重要事項をメモ取りながら聞いているか確認しながら話す」などと、一目で何をするかわかる目標を記す。

「達成に向けた行動」「評価」「教訓」の欄は、勤務後に書き込む。帰宅後すぐに記してもいいし、寝る前でも構わない。「達成に向けた行動」は、目標達成のためにどんな努力をしたのか、どんな取り組みを行ったのか、具体的な内容を記す。

「評価」欄には目標達成に向けて行動を起こした結果、どんな成果を収めたかを記す。何がうまく

表1「振り返りノート」（記入例）

振り返りノート　平成19年２月22日木曜日（勤務時間：８時30分～17時30分）

今日の目標〈とくに力を入れて取り組みたいこと・取り組むべきこと〉

①情緒不安状態に陥りやすい山田さん（利用者、仮名）に対して、なるべく頻繁にかかわりをもつようにし、落ち着いた生活が送れるよう支援する。
②新任職員の田中さん（仮名）に、適切なケース記録の記しかたについてアドバイスする。
③午後に予定しているレクリエーション活動への参加者が減っているので、利用者の皆さんに参加を呼びかける。

達成に向けた行動〈目標達成に向けてどんな行動を起こしたか〉

①山田さんの姿をみかけるたびに、声をかけ話しをするよう努めた。午後２時半頃、じっくりと話す時間ができたので、部屋を訪ね、教師として働いていたころのことについて話しをした。いつも話題に出てくるやんちゃ坊主の三郎君の話でおおいに盛り上がる。
②退勤前に、時間をとり、田中さんが記した過去のケース記録を２人でみながら、どこがうまく書けていないのか、どうすればうまく書けるようになるのか、アドバイスした。
③昼食時に、利用者のみなさんに、今日のレクリエーションではこういう活動をしますと、とくに力をいれてPRした。

評価〈何をどこまで達成できたか〉

①日中、久々に情緒不安状態に陥ることなく、落ち着いた生活を送ることができた。
②本日は、記録の基本的な記しかたを説明しただけなので、実際に、書けるようになったかどうかは、まだ判断できない。
③今日はいつもの倍以上の利用者がレクリエーション活動に参加してくれた。

教訓〈今日の取り組みから何を学んだか、振り返りと明日へのメッセージ〉

①利用者の心の安定には、やはり密接なふれあいが大切だということを学んだ。これからは、たとえ業務に追われているときであっても、利用者と少しでもふれあう時間を確保するよう努めるぞ。
②うーん、やはり人に何かを教えるには、自分がもっともっと勉強していなければいけないことを学んだ。たいへんだけど、がんばって勉強しようっと。
③今日は、本当にうまくいった。やればできるって言うけど、本当だね。明日もがんばって、利用者を活動に誘おう！　エイ、エイ、オー！

263-00714

いったか、何がうまくいかなかったか、客観的な視点から記す。うまくいかなかった場合に関しては、なぜうまくいかなかったのか原因分析も行う。

「教訓」欄には、「今日の目標」「達成に向けた行動」「評価」を踏まえたうえで、今日一日、どんな教訓を学んだかを記す。「教訓」を記す際に注意してほしいのは、たとえうまくいかなかったことがあったとしても、自虐的あるいは自己嫌悪的なコメントで終わらないこと。ポジティブなコメントで文章を締めることである。自分自身に、エールを送るつもりでコメントを書くように努める。

たとえばこんな具合に記す。

「今日は○○さんへの心のケアがうまくいかなかった。情緒不安のサインに気づけず、パニック行動が起こってからの事後対応になってしまった。この点はおおいに反省すべきだ。でも、明日は大丈夫。情緒不安のサインを見逃さず事前に対応できるようがんばる。待っててくださいね。○○さん！明日は絶対にうまく対応します。私にはその力がある！」

「教訓」欄をポジティブなコメントで締めるのは、３つの理由がある。１つ目は、人の根源的な欲求である「承認の欲求」を満たすためである。「自分の働きを認められたい」との欲求を満たし、自分に対する自信を深めるためである。２つ目は、自分を否定的にとらえるのではなく、プラスの視点でみつめる姿勢を身につけるためである。３つ目の理由は、最も重要なものだ。より高いハードルに挑戦する意欲と勇気を手に入れるためである。職業人として確実に右肩上がりに成長し続ける姿勢を習得するためである。

つぎに、「振り返りノート」のもう一つの用途を紹介しよう。それは新任職員研修の一環として使用する方法である。先に紹介したのは一職員として個人的に使用する方法だが、今度は組織として、人財育成のために利用する方法である。新しくあなたの職場で働きはじめた職員に、振り返りながら業務に取り組む姿勢を習得してもらうために「振り返りノート」を使用する。ただしその場合はフォーマットが**表2**のようになる。スーパーバイザー（指導的立場にある職員）のコメント記入欄が追加になる。使いかたはつぎのとおりだ。

①新任職員に、一定期間「振り返りノート」に記入するよう指示する（期間は、おおむね1か月から3か月くらいで設定する。もし、職場の人的資源に余裕がある場合は、もっと長い期間、たとえば1年間にわたる取り組みとしてもよい）。

②記入方法と記入の際の留意点について指示を出す。

③記入は勤務後に行い、翌日、スーパーバイザー役の職員に出勤時すぐに提出するよう指示する（スーパーバイザー役の職員が公休等で休みの場合は、他の先輩職員に提出しコメントをもらうシステムにする）。

④スーパーバイザー（あるいは代役の先輩職員）は、新任職員が退勤する前に、コメント欄にアドバイスや気づきを記入する。

⑤新任職員は退勤時に、スーパーバイザーからノートを受け取る。

⑥コメントに対して口頭による補足が必要な場合は、面談の時間をもつ。

この取り組みには一石二鳥の効果が期待できる。新任職員は福祉職に就いて間もない段階で、「振り返り力」を身につけるための具体的方法を学べる。指導役の先輩職員からコメントを記してもらうことによって、自分に何が足りないか、自分が職員としてどこまで成長しているのか確認できる。就職

表2「振り返りノート」（新任職員研修版記入例）

振り返りノート　平成19年3月12日月曜日（勤務時間：8時30分～17時30分）

今日の目標〈とくに力を入れて取り組みたいこと・取り組むべきこと〉

①利用者一人ひとりに積極的に声をかけ、信頼関係を築きあげる。
②忙しいときであっても、ゆったりと行動するよう努める（昨日、退勤前に介護主任より注意を受けた。食事中、私が忙しそうに動き回っているので、雰囲気があわただしくなってしまったとのこと。今日は落ち着いた雰囲気を醸し出せるよう努力したい）。

達成に向けた行動〈目標達成に向けてどんな行動を起こしたか〉

①利用者の近くを通るときには、足を止め、話をするようにした。介護の場面だけがコミュニケーションの時間とするのではなく、その他の場面でも、コミュニケーションをするよう努めた。
②今日は、食事時間中、無駄な動き（意味もなく利用者の周り歩き回ること）をしないように努めた。また、遠くの食事の席にいる利用者から呼ばれたときも、駆け足でその人の所に行くのではなく、ゆったりとした動作で向かうようにした。

評価〈何をどこまで達成できたか〉

①昨日の勤務では、いろんな業務に追われて、利用者と十分に接することができなかったが、今日は、多くの利用者と会話を楽しむことができた。利用者の一人から「あんた楽しい人だね」とお褒めの言葉もいただいた。本当にうれしかった。
②ゆったりとした動きをするよう努め、アットホームな食事環境を演出するのはうまくいったと思う。

教訓〈今日の取り組みから何を学んだか、振り返りと明日へのメッセージ〉

①コミュニケーションを少しでも多くもつことが利用者との信頼関係を築くには必要だということを学んだ。
②ゆったりとした雰囲気づくりはうまくいったが、咀嚼中の利用者にタイミングわるく声をかけてしまい、むせさせてしまった。食事中の利用者には、コミュニケーションの取りかたやタイミングに細心の注意を払う必要があることを痛感した。

コメント欄

昨日と比べると、動きがとてもよくなっています。また一段、プロの介護職として階段を登りましたね。利用者のみなさんは、新任職員のあなたと知り合いになるのを楽しみにしています。これからも積極的にアプローチしてください。

ただし、話しに気軽に応じてくれる利用者だけでなく、すぐには心を開いてくれない利用者や自分からは話しかけてこられない利用者にも、積極的に声をかけ、人間関係を築くように努めてください。さらなる成長を期待していますよ。

コメント記入者：山中（仮名）

して初期段階に経験するつまづきについても、先輩から早い段階で適切なアドバイスがもらえる。

指導役の職員にとっては、コメントを定期的に記すのは大きな負担になるかもしれない。しかし、それに見合う大きな効用が期待できる。人を指導する大役を担うことによって、自分自身のプロとしてのこれまでの歩み、知識や技術などを振り返る機会がもてる。うろ覚えの知識や技術では教えられないということに気づける。指導するには自分も学んでいなければならないという点が確認でき、自己成長にもつながる。

教えることは、学ぶことである。学び続けるからこそ教えられる。人の数倍以上、学ぶ努力を積み重ねているから教えられるのだ。「振り返りノート」を利用した新任職員研修は、職場に大きな成果をもたらす。ノートを記す新任職員も、指導する先輩職員も、ともに育つ人財育成システムの一環として利用できる。ぜひ、導入し、トライすることをお薦めしたい。

文　献

1）Thompson, N : Understanding Social Work : Preparing for Practice. Palgraue Macmillan, 2000.

263-00714

This Chapter's Points

本章で学んだこと

ポイント① 振り返りの大切さを忘れると、マンネリの罠に陥る。

マンネリとは同じレベルに留まるとの意味ではない。実質的には、レベル低下を指す。この厳しい事実を受けとめ、マンネリ打破に向けて行動を起こそう

ポイント② マンネリ打破の第一歩は自分からはじまる。

業務改善やマンネリ打破の原則は、「人に変われという前に、まず自分が変わる」である。強い問題意識と危機感をもって、まず自分から行動を起こす人となろう。

ポイント③ 「振り返りノート」を使って、さあ「振り返り力」の習得をめざせ。

「振り返り力」習得のポイントは、明確な目標をもって日々の業務に取り組みその成果を検証し、日々の経験から、職業人としての教訓を学ぶことである。日々の振り返りがあなたを確実に育てる。本物のプロとして自信をもって仕事をしていくために、いざ「振り返り力」の習得に着手しよう。

263-00714

第12章

要注意！ その言動が職場内に不信の連鎖を引き起こす

―信頼を得るためには“職員間コミュニケーション力”の向上が欠かせない

How to break the status quo : the complete guide to becoming a competent social / care worker

よき援助者がよき職業人とは限らない

あなたの職場にいないだろうか。利用者に対してはプロとして申し分のない仕事ができるのに、職員との人間関係となるとからっきしダメだという人。利用者や家族にとっては〝いい人〟なのに、同僚や後輩職員に対しては思いやりのない言動を連発し、〝困った存在〟となっている人。本人は気づいていないが、職場内の雰囲気を乱す張本人となっている人がいないだろうか。こうした特徴を示す人がまだ十分にキャリアを積んでいない職員ならば、影響は軽微なものですむかもしれない。しかしながら、経験年数が長い人であったり管理職であったりすると、職場に大きなダメージを与えてしまう。

その典型的な例が、知的障害者施設で働くＡ氏である。彼は大学で社会福祉を学び、現在の職場に就職。キャリアは20年を越える。40代を越えたところで生活支援課長になった。

バリバリの中間管理職として働く彼であったが、何といっても彼のすごさは実践力の高さにあった。とりわけ優れていたのは、利用者とのコミュニケーション・スキルである。言語による意思疎通が困難な重い知的障害がある人に対しても、「いま、何をしたいのか」「何を訴えようとしているのか」、その気持ちを的確に把握する力を有していた。

一見、非の打ちどころのないようにみえるＡ氏であったが、大きな欠点があった。人望のなさ、である。援助者としての能力については一目置かれているのに、上司あるいは先輩としての評価はきわめて低い。部下や後輩からは、「理解が足りない」「思いやりの心に欠ける」など、惨憺《さんたん》たる評価しか受けていなかった。

263-00714

要注意！ その一言が人の心を遠ざける

専門職として高い能力がある人なのに、どうして人望がないのか。最大の原因は、なんと彼が得意とするはずのコミュニケーションにあった。

たしかにA氏は、利用者に対するコミュニケーションに関しては秀でた能力をもっていた。言葉づかいもていねいで、思いやりあふれる態度で接していた。ところが、いざ職員に対する言動となると、全く違った一面をみせる。気分屋で機嫌がわるいときには、後輩職員が「おはようございます」とあいさつしても、ろくすっぽ返事もしない。近づきがたい独特のオーラを発し、職場に強い緊張感をもたらす。何よりも問題なのは、人の心を深く傷つける言動が頻繁にみられる点であった。たとえばつぎのような言動だ。

情緒不安でパニック行動を示す利用者にうまく対応できない新任職員に対して、通りすがりに舌打ちをしながらこう漏らす。「ちぇっ。だから最近の若いのは使えないんだよ。資格はちゃっかり学校でもらってきているけど、全く役に立ちはしない」。情緒不安の兆候をみせる利用者の側に寄り添っている職員に対しては、「いいねえ、利用者と遊べて。みんな働いているんだけどさ」と、小さな声であるがしっかり聞こえるように話す。

また、何かにチャレンジしてうまく行かず落ち込んでいる職員に対してこう言い放つ。「だから言っただろう。無理だって」。実際には事前にアドバイスなどしていないのに、チャレンジがうまくいってないとわかると「それみたことか」と冷淡な言葉を浴びせはじめる。

こうした発言を繰り返すために、職員の心はA氏から離れていった。その存在が疎ましく、煙たい

要注意！
不遜な言動を繰り返せば
職場内に不信の連鎖が引き起こされる

263-00714

ものになっていった。なるべく接触を避けていたいとの態度を示すようになった。部下たちが抱く不信感は、さすがA氏にも伝わってきた。その原因は自分の日頃の言動にあるのに、彼には全く自覚がない。「わるいのは私じゃない。私のことを誤解し避けようとする職員たちだ。彼らのためによかれと思ってアドバイスしてあげているのに、それを逆恨みしている」。

こんな思いで職員たちをみているために、彼の不適切な言動はいっそうエスカレートする。その結果、職員との間には埋めがたい溝ができてしまった。チームワークはガタガタになり、サービスレベルの低下が止まらなくなってしまった。

不遜な言動の放置が悪影響をもたらす

こうした例は、決して珍しいものではない。どんな職場も一人の職員の存在によって、サービスレベルが地に落ちる可能性はある。ここでは中間管理職であるA氏を例にあげたが、不遜《ふそん》な言動を繰り返すのが役職についてない職員であったとしても、影響の大きさは侮れない。どんな組織も、蟻《あり》の一穴によって崩壊の危機を迎える可能性があるからだ。

それではここで確認しよう。ほかの職員に対して不遜な言動を繰り返す人を放置すれば、どんなダメージが職場にもたらされるのか。主なものはつぎの6点に集約できる。

①職員のやる気や使命感を奪ってしまう。

②不遜な言動がほかの職員に〝伝染〟し、職場全体に広まる恐れがある。

③職員間に強い緊張関係をもたらす（人間関係が修復しがたいほど悪化する恐れがある）。
④傷ついた職員が職場を去る〝人財流出現象〟が起こりやすくなる。
⑤報告・連絡・相談が機能しなくなり、事故やミスが起こりやすい職場になる。
⑥サービスレベルが著しく低下する。

こうした事態を防ぐには、素早い行動が欠かせない。問題解決を先送りすればするほど、事態が深刻化してしまう。不信感の増大、チームワークの崩壊、業務レベルの低下という負の連鎖に、歯止めがかからなくなる。

負の連鎖を断ち切るにはどうすればよいか

サービス低下をもたらす負の連鎖を断ち切るには、つぎの3つの取り組みが必要となる。

第一は、職業人としてほかの職員と信頼関係を築くのに必要とされるコミュニケーション・スキルをどのくらいもっているか、つまりどの程度の**〝職員間コミュニケーション力〟**をもっているかを、自己チェックする取り組みである。チェックの際に使用してほしいのが、つぎに示す「職員間コミュニケーション力&人望力チェックリスト」である。これを用いれば、自分がどれくらいの力を有しているか大まかに把握できる。

263-00714

職員間コミュニケーション力&人望力チェックリスト

使用法 「私はどちらかというと、○○のほうである」という視点から、つぎの質問項目について、「はい」の場合は○、「いいえ」の場合は×をチェック欄に書き入れてください。

	チェック ○×
①職場内では、同僚や後輩から相談を受ける数が多い。	
②職種、職階に関係なく、いろんな職員とまんべんなく話すことができる（話す機会をもつよう努力しているし、実際、頻繁に意見交換する場を設けている）。	
③苦手なタイプの職員であっても、積極的に声をかけ、意思疎通を図る努力を欠かさない（苦手な人だからといって、避けようとしたり、遠ざけようとしたりしない）。	
④職場内で共有すべき重要な情報がしっかりと自分にも伝わってくる（「あれ聞いてないよ、それ」「いつどこで、そんなことが決まったの」などと慌てるような場面に遭遇することは滅多にない）。	
⑤新しい職員が入ってくると、自分から積極的に声をかけ相手を知ろうとする（後輩職員を育てる責任は自分にもあるとの意識が強いし、その思いを行動で表している）。	
⑥えこひいきはしない（誰に対してもフェアにつきあえる）。	
⑦うわさや人伝に聞いた話で、職員の行動の善し悪しを判断しない。	
⑧友だち言葉で、職員に話しかけることはしない（年下の人や後輩職員に対してもていねいな言葉遣いで接している）。	
⑨感情をうまくコントロールしながら話ができる（感情を丸出しにして、話すことはない）。	
⑩どのような話をすると不信感を招くか、十分な知識をもっている（もちろん、知識をもっているだけでなく、不信感を招くような話しかたはしない）。	

簡易判定表

〈コミュニケーション力および人望力判定の目安〉

○が0～4個以内：コミュニケーション力&人望力に著しい問題あり　○が5～7個以内：平均レベルのコミュニケーション力&人望力があるが要努力という状態　○が8個以上：優れたコミュニケーション力&人望力をもっている（注：これはあくまでも目安である。たとえ、全体的には、「優れている」との判定が出たとしても、「えこひいきはしない」「感情をうまくコントロールしながら話ができる」に×がついているとすれば、コミュニケーション力&人望力に何らかの問題があると推察される場合がある）

こんな言動が不信感を招く

第2の取り組みは、どのような言動が不信感を招くのか（人望を失うきっかけとなるのか）、その類型の把握である。その際に利用してほしいのがつぎの表である。これに目をとおし、自分の行動をチェックしてみよう。もし、あなたが表にあるような言動を示しているとすれば、残されたチョイスは2つだ。変わらずに信頼を失い続ける人になるか、行動を改め信頼を勝ち取るべく努力するかである。もちろん、お薦めは後者のチョイスだ。職員間の信頼関係の構築が、よりよいサービスを実現する重要な要素となるからである。

不信感を増長させる言動の類型

感情丸出し型

自己の感情を露骨に示しながら、人と話をする。プラスの感情であれば被害は少ないが、マイナスの感情をあからさまに示す言動は、他の職員に不快感やとまどいなど、大きな心の負担をもたらす場合が多い。【例】「もう、勝手なことしないでよ。ちゃんとできないくせに！」と感情的になって相手の力を一刀両断に否定する言動。あるいは、ため息まじりに、「いいよ。もうやんなくて。どうせできないんだから」とその人に対する否定的な見方を露骨に示す言動。

あら探し型

後輩、部下、同僚職員のいいところは一切評価せず、できていないところばかり責めたてる言動。【例】「食事介助はたしかにできるようになっているけど、時間がかかりすぎじゃない？」「ていねいに仕事をやったつもりだろうけど、ここができていないんじゃや、意味がないな」

263-00714

決めつけ・こじつけ型

科学的根拠あるいは専門的な知見に基づく言動ではなく，自分の価値観，思いこみ，固定観念などによって示される超主観的言動。【例】「最近の若い者はこれだから駄目なんだ」「あれ，こんなこともできないの。大卒者だったらこれくらいできて当たり前じゃないの？」「資格をもっているのに，これくらいのこともできないの。これじゃ，国家資格をとっても意味ないね」

後出しじゃんけん型

事前には何も言わず，部下や後輩がチャレンジに失敗をしたのを見届けてから，相手の行為を責めたり批判したりする言動（長年の経験からすれば，後輩や部下の試みが失敗することはあきらかに予測できたのに，事前に警告を発することはしてない）。【例】「あーあ，やっぱりね。最初から失敗すると思ってたんだ」

叱責型

相手の行動を感情的な口調で叱りとがめる言動。【例】「どうしてこの程度のことしかできないんだ。これじゃ職員として失格だね」「いったい，何度言ったらわかるの？　これくらいできなくてどうするんだ，全く！」「自分がやったことがわかってるんだろうな」「前にもちゃんと指示したでしょ。ちゃんとやれって」

職務放棄型・見放し型

後輩や部下など，人を育てることが上司・先輩の重要な役割なのに，それを全く果たそうとしない無責任な人が示す言動。【例】「それ私には関係ないよ。どうぞ勝手にやれば」「あなたがそうしたいのなら，ご自由にどうぞ。でもどうなっても知らないからね」

自己防衛型

何が利用者にとって大切かという点よりも，職員である自分にとってどうすることが有利に働くかを重視する姿勢から生じる言動。すなわち，自己の保身を最優先した言動である。【例】「私，知らないよ。自分で責任をとってね」「そんなことされたら困るんだよね。失敗したらいったい誰が責任をとらなきゃいけないか，わかっているの？」

263-00714

責任転嫁型

責任をその場にいない上司、部下、同僚などに押しつけてしまうような言動。その問題に関して、最も大きくかかわっているのは、あるいは、責任を担っているのは自分なのに、他の人に責任を押しつける言動を繰り返す。【例】「この問題の責任は施設長にあるよ」「新人職員の問題意識が低いからこういった問題が生じてしまうんだよね」「本来なら、あの人が中心になって動かなければならないのに動いてくれないんだよね」などといった感じで語られる。

セクハラ型・パワハラ型

性的に不快感を感じさせる言動、上司という自分の有利な立場を利用して相手に嫌がらせをする言動。【例】「親愛のしるしなんだから、これくらいいいだろう」と男性職員が女性職員にスキンシップを要求するような言動。「だから、女性には管理職は任せられないんだよね」「そんなことしていると、ずっと現場止まりだね」などといった不適切な言動。

比較型

比較型言動はことのほか人の心を傷つける。このタイプの言動が向けられると、言われたほうはダメ職員の烙印をくっきりと押されたようでなかなか立ち直れない。使うほうはこのタイプの言動が相手にどんなに大きな衝撃を与えるのか自覚に欠ける場合が多い。また、上司や先輩から「○○さんはあなたと同期だけど、これくらいできるよ」と言われた人と、比較対象として名指しされた職員との間に軋轢を生み出し、信頼関係が崩れていくきっかけとなる場合もある。【例】「あれ、6か月も働いているのにまだこれくらいのこともできないの？　同じ時期に一緒に働きはじめた○○さんは、この仕事、3か月程度で覚えられたんだけどね」「もう1年もここに勤めているのに、まだ、これ一人じゃできないの？　困るなあ。1年くらい経てば、誰だってこれくらいできるようになるのに」

〝職員間コミュニケーション力〟向上の基本原則

最後に、ほかの職員とのよりよい人間関係をつくるために必須となるコミュニケーションのポイント、すなわち〝職員間コミュニケーション力〟向上のための基本原則を紹介したい。つぎに記す8つの基本原則を遵守し、利用者はいうまでもなく、同僚・後輩・先輩職員からも高く評価されるワンランク上の職業人になろう。

①プラスの視点で人をみる

どのような視点で他者をみるか、これは非常に重要なポイントである。その人に対する見方が、接しかたを決定づける大きな要因になる場合が多いからだ。マイナスの視点で人をみれば対応が粗雑になりやすい。

たとえば、ゆっくりと仕事をする人を「仕事が遅い人」「他の職員の足を引っ張る人」ととらえるとどうなるか。「どうしてそんなことするの？」といった叱責的言動になりやすい。それが対立関係を生じさせるきっかけになる。対照的に、その人を「熟慮型でていねいに仕事をする人」「自分のペースで利用者に接するのではなく、利用者のペースに合わせて仕事をこなせる人」というプラスの見方をすれば、行動を高く評価する気持ちの伝わる接しかたになりやすい。

プラスの視点でみるのは利用者支援の際の基本原則であるが、職員との関係においても同様に重要な原則であるという点を忘れてはならない。

②自分の感情をうまくコントロールして発言する

感情的になって発した一言は、はるかに強い感情的な発言というかたちで自分にはね返ってくる。たとえ相手に非があるにしても、「どうしてわかってくれないの」「どうしてそんなことするの」などと、感情丸出しで相手を責めたてれば反発を招きやすい。相手に「そこまで言わなくていいだろう」

といった気持ちを芽生えさせてしまう。

あなたが上司や先輩であり、部下や後輩に行動を改めるよう指示を出さなければならない場面であっても、感情的な発言はタブーだ。大切なのは、〝説得〟ではなく、〝納得〟をめざすこと。感情を高ぶらせながら、威圧的・叱責的な態度で〝説得〟するのではなく、落ち着いた口調で対応し、相手が自分自身の行為のどこに問題があったのかに気づき、〝納得〟できるような接しかたが求められる。

③お裁き型の発言は厳禁と心得る

これはバイステックが援助の大原則の一つとして唱えた、非審判的態度（文献1）のことを指す。福祉の仕事は人を裁くことではない。万が一、あなたの職場の誰かが不適切だと思われる業務パターンに陥っているとすれば、何がその人をそうさせたのか原因を探るべきだ。原因が特定できれば、どうすれば問題解決を図れるかや事態の改善を図れるかを一緒に考える。必要に応じてアドバイスする。これが基本原則である。

④常に相手から学ばせてもらう姿勢で接する

人間関係において重要なのは、互酬性である。一方的にどちらかが受けるばかりであったり、どちらかが常に与える立場であったりするのでは、人間関係は長続きしない。相互に学びあえ、相互にメリットがあるという関係だからこそ長続きするのであり、「この人と一緒にいれば学びあえる。お互いに成長できる」という安心感や信頼感が得られるのだ。常に、学ばせていただくという謙虚な姿勢で接することが、良好な人間関係構築のキーポイントになるのである。

⑤聞き上手・ほめ上手・驚き上手になる

この人と一緒にいると、「聞いてもらえる」という実感が得られるようにする。これは、よき人間関

263-00714

係をつくっていく際の基本原則である。いわゆる傾聴の心だ。ただし、傾聴とは単に耳を傾けることではない。相手の話に対して、興味がある、もっと聞きたいと、言語・非言語コミュニケーションの技術を駆使して伝えるようにするのだ。会話の折に、「その取り組みは参考になります。もっと教えてもらえますか」とさりげなく相手をほめたり、「そんなことがあったんですか。知りませんでした。もっと詳しく教えてもらえますか」と驚きを交えながら反応する。聞き手は、相手が興味をもってくれていると実感できるので、もっと話そうという気持ちが強まる。

⑥〝相手のために〟の発想ではなく、〝相手の立場に立った〟発言をする

〝あなたのために〟という思いは、日本を代表する経営者として知られる鈴木敏文氏（セブン&アイ・ホールディングス会長）が指摘（文献2・3）するように、きわめて危うい考えかたである。ときとして、人を驕《おご》りの罠《わな》に陥れる。「あなたのために」という思いが、「あなたのことを何でもわかっている」「あなたがどうすればこのカベを乗り越えられるか知っている」だから「あなたは私のアドバイスに耳を傾け、そのとおりに動かなければならない」という思いこみを招きやすい。結果がうまくいかないと、「私の言うとおりにやらないから失敗した」と相手を責める態度に陥りやすく、不信感をさらに深めてしまう。本当によきアドバイスをしたいのであれば、〝相手の立場にたって〟考える姿勢が不可欠である。どんなことで困っているのか、どんなことで苦しんでいるのか、徹底的に相手の立場から考える姿勢を貫くことが求められているのである。

⑦失敗を犯したときでも、頭ごなしに叱りつけたり、一方的に責める姿勢は示さない

失敗について確認しなければならないことが2つある。まず、この世に失敗したことがない人はいない。誰もが失敗を経験する可能性があるということ。そして、失敗のすべてがわるいものとは限ら

ないということだ。失敗が、よりよいサービス実現に向けたチャレンジの結果として生じたものであり、しかもそれが入念なリスクマネジメントを施したうえで（失敗したときの影響を最小限に抑える取り組みが行われたうえで）起こったものであれば、頭ごなしに叱るべき失敗とは言えない。万が一、失敗した人に対して厳しく責任を問う場面があるとすれば、悪意によるミス、明らかな不注意・手抜きによるミス、そしてミスを隠蔽《いんぺい》した（隠蔽しようとした）ときなどである。

部下、同僚、後輩などが何かに挑戦して失敗したとき、最も重要なのは原因の明確化である。同じミスを繰り返さないために、そこから教訓を学ぶ姿勢が求められているのである。

⑧陰口をたたかない

職場のなかでは、「ここだけの話し」は通用しない。とりわけ他者批判や陰口は、必ずと言っていいほど対象となる人のもとに届く。もし伝わってしまえば、良好な関係の維持など夢物語だ。不信感が募り、足を引っ張りあう関係になる。職場全体が不信感と対立という、「負の感情」で覆われてしまう。対応策はただ一つ。まず、陰口はたたかないと心に誓う。職務上、誰かに対して、直接本人と向きあい苦言を呈さねばならない場合には、どのような工夫をすれば本人に納得してもらえるか説明の方法を考えるようにしよう。

文　献

1）F.P.バイステック，尾崎新・他訳：ケースワークの原則—援助関係を形成する技法．誠信書房，1996．

2）勝見明：鈴木敏文が見抜く①営業のウソ：「買ってもらえない時代」の顧客心理分析法．プレジデント，2005，pp.44～45

3）勝見明：特集 選ばれる営業,捨てられる営業．プレジデント,2004年3月29日号,pp.48～57

263-00714

This Chapter's Points

本章で学んだこと

ポイント① 同僚、先輩、後輩に対して不遜な言動を繰り返す職員を放置すれば、職場のサービスレベルが地に落ちる。

ポイント② プロとして胸を張れるレベルの「職員間コミュニケーション力」を有しているか、自己チェックする。

ポイント③ よりよい人間関係を築くコミュニケーションのプロになるために、8つの基本原則を遵守する。

①プラスの視点で人をみる。
②自分の感情をうまくコントロールして発言する。
③お裁き型の発言は厳禁と心得る。
④常に相手から学ばせてもらう姿勢で接する。
⑤聞き上手・ほめ上手・驚き上手になる。
⑥〝相手のために〟の発想ではなく、〝相手の立場に立った〟発言をする。
⑦失敗を犯したときでも、頭ごなしに叱りつけたり、一方的に責める姿勢は示さない。
⑧陰口をたたかない。

263-00714

第13章

記録の魅力と偉大なるパワーに注目せよ

―要注意！ 低レベルな記録が放置されれば、プロに必要とされる5つの力の喪失を招く

How to break the status quo : the complete guide to becoming a competent social / care worker

記録はサービスレベルを映し出す鏡である

ある秋の日のことである。管理職クラスの福祉職員を対象とした研修会の場で、高齢者施設の施設長からつぎのような質問を受けた。

「今日の研修会に参加し先生の話を聞いて、ウチの職場は、このままではダメだということがよくわかりました。職場に戻ったら、早速、行動を起こしたいと思うのですが、恥ずかしながら、ウチの職場は課題山積の状態です。あまりにも多くの問題があるので、何から手をつければいいのかわかりません。こうした状態にある職場の場合、まず何から手をつければいいのか、ぜひアドバイスをお願いします」

この質問に対して、私は即座にこう答えた。

「では、まず、記録の見直しからはじめてください。ケース記録あるいは介護経過記録をはじめとした記録を見直すことから、行動を起こしてください」

実を言うと、この種の質問を受けるたびに、同じような指示を出す。「まず、記録の見直しからはじめてください」と主張する。なぜ、私がこうアドバイスさせていただくのか。理由は私の経験にある。長年の福祉実践現場とのかかわりから、記録はサービスレベルを映し出す鏡であるとの教訓を学んできたからである。記録は決して嘘をつかない。記録をみれば、サービスレベルが把握できる。この重要な教訓を、業務改善でかかわってきた数多くの福祉職場の実態から学んできたからである。

記録とサービスは比例関係にある

職員のプロ意識が高く、すばらしい取り組みが実践されている職場の記録の質は高い。そうした記録をみれば、利用者がどんな様子でサービスを利用していたか、どんなときを過ごしていたか、わかりやすくていねいな記録が残されている。職員がいつどのような場面でどんなサービスを提供したか、誰が読んでもすぐに理解できるよう記されている。

対照的に、低レベルなケアに陥っている職場の記録は、不十分で不適切な場合が多い。利用者がどんな様子でサービスを利用していたか、その日どんなサービスを受けて、どんな様子で過ごしていたか、ほとんど記入されていない。記録があったとしても不十分な内容のために、記録者である職員以外は、実際に何があったか、どんな行動を利用者が示していたのか、理解できないものが目立つ。

最悪なのは、事実が職員の思い込みや先入観によって〝ねつ造〟されるケースだ。いわゆる超主観的記録である。その典型的な例として、高齢者生活型施設で生活するAさんに関する記録の事例を紹介しよう。

Aさん（84歳・女性、左半身に軽い麻痺あり）は2年前に某県某市にある生活型施設に入居し、生活をはじめた。その施設のモットーは、「利用者一人ひとりの希望を尊重し、家族のように親身になってお世話します」というものであった。入居する際には、「希望があれば何でも言ってください。親身になって対応しますからね」との説明を受けていた。軽い言語障害があるものの意思表示ができるA

さんは、日中の生活パターン、介護の方法、食事の内容、参加したい活動などについて細かい要望を出していた。

とりわけこだわっていたのは食事だった。青魚は嫌いで食べたくないので、別のメニューを用意するよう頼んでいた。施設側も「対応します」と約束してくれていた。しかし、ある出来事を境に別メニューを用意しなくなった。数か月前の夕食時、彼女に間違って青魚のメニューがそのまま出された。彼女は「嫌だな」と思ったが、いつも世話になっている職員にわるいからとの思いがあり、その日は無理して食べることにした。次回はきっと別メニューを用意してくれるだろうとの思いからだった。しかし、職員たちは別の判断をしていた。「あら、青魚食べられるじゃない」と判断し、それ以降、別メニューが用意されなくなった。

遠慮があるためにその後何回かは我慢していたAさんであったが、ある日の夕食時、また青魚のメニューがそのまま出されたので、思い切って言うことにした。「私ね、前にちゃんと言ってたんですけど、青魚はダメなの。最近、ずっとこの調子で間違いが続いているわよ。わるいけど、何か別のものに変えてもらえないかしら」。

これがある日の夕食時に、実際に起こった出来事である。しかしながら、職員が残した夕食時の記録には驚くような〝事実〟が記されていた。

「Aさん、夕食時、またいつものわがまま。メニューに文句をつけ、職員を困らせる」

これは一見すればわかるように、事実が歪曲された不適切な記録だ。事実は、「青魚はダメなのと言った」である。〝文句〟〝わがまま〟〝困らせた〟という記述は、ある行動に対する職員の超主観的な見解であり、事実ではない。「実際に何があったのか、客観的な事実をありのままに記す」という記録の基本を無視した、低レベルな記録と断言せざるを得ない。

不適切な記録を記すのが一部の職員だけに限られている場合も、油断は禁物だ。その状態が放置されれば、他の職員も同じような記しかたをするようになる。記録の質が一気に劣化し、歯止めがきかなくなる。

実際、私はそのような事態に陥った福祉の職場を数多く目にしてきた。はじめは一部の職員による不適切な記録であったのに、職場全体に、その記しかたが伝播していく。実際に何があったのか客観的な事実を記さず、「自分勝手な行動で職員の手を焼かせる」「職員に対して暴言を吐く（悪態をつく）」「入浴拒否」などと、利用者の言動に関する職員の超主観的コメントが並べ立てられる。

意図的であろうと無意識であろうと、不十分な記録が容認される状態を放置すると、サービス低下が止まらなくなる。気がつけば、権利侵害や虐待を引き起こす職場になりさがる場合もある。

ダメな記録の典型例

こうした罠《わな》に陥らないようにするためには、どのような記録が不適切だと言えるのか、その特徴をしっかりと把握する必要がある。私がこれまで眼にした数々の記録を参考にすれば、ダメな記録の特徴は、つぎの４つに整理（文献１）できる。

【特徴①】ケース記録や介護経過記録（支援経過記録）などに、利用者の日々の様子や、サービス利

用状況がほとんど記されていない（記録が書いてあったとしても、「変化なし」「特変なし」「昨日と同じ」といった記録に留まっている）。

【特徴②】記録に目を通しても、具体的に何が起こったのか（何があったのか）、書いた人でないと正確に状況をつかめない（職員の主観、あるいは、判断の結果が記されており、実際に何が起こったのか他の職員にはわからない記述スタイルになっている）。

〈例〉

・入浴拒否、活動拒否、食事拒否、服薬拒否などといった〝四文字熟語〟的表現による記録（どのような状況で入浴しなかったのか、どのような経緯があって活動に参加しなかったのか、具体的な事実が何も書かれていない。ある状況にかかわった、あるいはある状況をみた職員の判断の結果、つまりある行動を拒否だと判断した結果しか記されていない）。

・「徘徊あり」「異食あり」「不潔行為あり」などといった、認知症の周辺症状に関する用語が記されているだけ（専門用語の表記で終始し、実際に何があったのか、具体的にどのような行動があったのか、その行動に対して職員はどうかかわったのか、その結果どうなったか、などといった客観的事実が記されていない）。

【特徴③】利用者をマイナスのイメージでとらえる表現、あるいは、尊厳を損なうような表現で記されている。

〈例〉

・「○○さん、職員に悪態をつく（暴言を吐く）」などといった記述（実際にどんな言動をしたのか、具体的な状況は記されていない）。

263-00714

・「○○さん、職員にわがままを言う」（わがままと決めつける表現）
・「自分で着替えができないくせに自分でやろうとして、結局、職員の手を煩わせる」（利用者に対するマイナスの視点のオンパレード的表現）

【特徴④】職員の優位性を示す表現で記されている。

〈例〉
・「頭がかゆいと言ったので、頭をかいてあげた」
・「きんぴらごぼうが食べにくそうだったので、細かく刻んであげた」
・「○○さんが『入浴しない』と言い張り、言うことを聞かないので、『お風呂に入らなければ、お嫁さんから〝そんな人は帰ってこないでいい〟って言われますよ』と声をかける。すると、すんなりお風呂に入ってくれた」（これは、ある施設で帰宅願望の強い利用者に実際に使われていた表現。「○○しないと、○○してあげないよ」「○○すれば、○○してあげる」という、職員の優位性を利用した典型的な〝交換条件による対応〟である。職員たちは、帰宅願望の強い利用者が、「家に帰れる」「家に帰れない」という言葉に敏感に反応することを知っており、職員の都合のよいように動いてもらうために、〝交換条件による対応〟を繰り返していた。これは、介護する立場という職員の優位性を利用した対応であると同時に、利用者の弱みにつけ込む対応と呼ぶこともできる）

記録が不十分な職場では、プロとして保有すべき5つの力が失われる！

ダメな記録との決別には、2つの取り組みが欠かせない。第一は、記録の大切さに関する問題意識の共有だ。記録が不十分であると、どんな事態を職場にもたらすか、その危険な側面を職員みなで共有する取り組みである。第二は、適切な記録方法の習得である。これが適切な記録を職場レベルで確立していくための基本的な取り組み手順である。

よき記録を確立するために最も重要な取り組みは、問題意識の共有だ。どんなに優れた記録法を学ぼうと、なぜその方法を身につけていままでの方法と決別する必要があるのか、共通認識がなければ変革への歩みは踏み出せない。「このままではいけない」との危機意識が生まれないからである。その結果、何も変えられずに終わる可能性が高くなるからである。

だからこそ、ここで、しっかりと確認しよう。記録が不十分なまま放置されると、なぜサービス低下へと結びつきやすいのか。その理由を確認したい。

最も大きな理由は、記録が不十分であると、利用者本位のサービスを担うプロとして、直接支援に携わる人が当然、身につけておくべき力が育たずに終わるという点だ。介護のプロとして、あるいは、相談援助のプロとして働く人に求められる力が育たず、業務の著しい低下がもたらされてしまう。これが、適切な記録への転換が必要とされる理由である。

ところで、いったいどんな力が育たずに終わるのか。それは、つぎに示す5つの力だ。

①観察力
②振り返り力
③情報共有力
④リスクマネジメント力

⑤サービス向上力（業務改善力）

①**「観察力」**は、傍観者的な立場である人を観察するという意味ではない。観察とは、相談援助や介護のプロとして、利用者と直接的にかかわったり、利用者の行動の様子を見守ったりしながら、彼ら一人ひとりの生活観、人生観、行動パターン、ニーズなどを学ばせていただく一連の行動を指す。

利用者との日々のかかわりや、彼ら一人ひとりの行動について記録を書くことが重視されない職場では、職員の観察力が低下しやすい。利用者とのかかわりや観察をとおして気づいたこと、発見したことを「後でしっかりと記さなければならない」とのプレッシャーがないので、行動をつぶさに見守ろうという意識が薄くなりやすいからだ。

その結果は深刻だ。ただ漫然と接するだけ、日々の援助を繰り返すだけで問題意識に欠ける業務スタイルに陥る。観察をとおして利用者の意思や希望、秘められたニーズに気づいたり掘り起こしたりする力が育たなくなってしまう。

②**「振り返り力」**とは、プロとして自分が行った業務を深くかえりみる力を指す。記録を残すというのは、実は内省の作業とも言える。記しながら自分の行為を振り返り、反省すべき点を明確にする。自分を客観視し、なぜうまくいかなかったのか振り返る。プロとしての歩みは平坦ではない。誰もがミスを犯しながら成長していく。だが、記録を記す習慣がない職場で働くと、自分の業務を振り返るという作業がされなくなる。ミスが放置され、同じミスを繰り返すレベルの低い職員（職場）になりはててしまいやすい。

③**「情報共有力」**とは、文字どおり職場の仲間と情報を共有していく力を指す。一人ひとりのニー

ズに細かく対応した利用者本位サービスの実現をめざしていくためには、情報共有は欠かせない。

生活型の施設であれ、通所型の福祉サービスであれ、一人の利用者を支えるのは一人の職員ではない。キーパーソンが中心となって援助を提供していくものの、複数の職員が協力しながらサービスを提供していく。そうしていくためには情報共有が欠かせないわけだが、その際に最も重要な情報共有のツールとなるのは、記録である。福祉の現場で働く場合、他の職員とのコミュニケーションは口頭によるものとは限らない。記録などをとおして情報の共有を図るケースが少なくない。

たとえば、ローテーションで勤務する生活型施設の場合、利用者のケース記録や業務日誌に目を通せば、前のシフトで職員が利用者にどのようなサービスを提供したか確認できる。あるいは、どのようなサービスが提供できずに終わったかが確認できる。また、利用者の健康状態や心理状況なども記録などであらかじめ把握したうえで、勤務に入れる。利用者の視点からすれば、職員が勤務シフトで入れ替わろうとも、必要なケアがとぎれることなく提供される状態が確保できるのである。言い換えれば、継続的なケアの確保につながるのである。

④「リスクマネジメント力」とは、リスクとうまくつきあっていく力だ。具体的にはリスクを早期に把握し、早期に対応していく力を指す。レベルの低い職場は、「ヒヤッとした経験」「もう少しで危なかったと思うような経験」があっても、それらが記録に残されることは少ない。大きな事態が発生してから、「そういえばその兆候は以前からあった」と〝後の祭り〟とも言えるコメントが発せられるだけ。

「ヒヤッとした経験」や「もう少しで失敗するところだった」、あるいは「失敗であった」という経験を記録として残すのは、プロとして辛い作業であるのは理解できる。自分の失敗は、つい隠したく

263-00714

なる。しかし、失敗は放置すれば繰り返される。1度目は被害が小さくてすんだとしても、2度目、3度目となるにつれて被害が大きくなる場合も多い。取り返しのつかない事態にならぬよう、リスクは小さいうちに対応するのがプロの使命である。

記録が不十分な職場では、同じ失敗が繰り返される。大きな事故が起きてその責任を問われてから、記録の大切さに気づくのでは遅すぎる。小さなリスクの時点から、記録に残して対応する。そんな職場をめざしてほしい。

⑤「サービス向上力（業務改善力）」は、先のいくつかの項目と関連する。観察力やリスクマネジメント力を駆使して、職場内にある問題や課題に気づき、速やかに対応すべき事柄を特定する。そして、具体的な改善への手だてを考え実行するのがサービス向上力である。

適切な記録が記されている職場では、日々の記録を定期的に見直し検証することによって、問題や課題が掘り起こせる。対照的に記録が不十分な職場では、資料がないので、問題や課題の掘り起こしができない。問題が問題のまま放置されるマンネリ化した職場の典型的な特徴を示すようになる。

時間がないから十分な記録が書けないというのは本当か？

これまでなぜ記録が大切なのか、手を抜くとどのような弊害が生じる恐れがあるのか、その知られざる事実を明らかにした。そろそろ、適切な記録の書きかたについて紹介したいところであるが、その前に確認すべき点がある。

なぜ適切かつ十分な記録が書けないのか、その理由の確認である。福祉の現場で働く職員のみなさんにこの点について質問すると、多くの方が「時間がない」「忙しい」を理由にあげる。なかには、「ウチは利用者本位サービスを標榜していますので、記録を書く時間があれば利用者と接するようにしています」と解説を加える人もいる。

こうした意見を頭ごなしに否定するつもりはない。利用者とふれあう時間を十分に確保する。これは利用者本位サービスを実施するうえで重要なポイントだ。しかし、かかわる時間の長さだけでケアの優劣を判断するのは早計だ。大切なのはかかわりのクオリティだ。さらには、自分が提供するサービスが本当に利用者のニーズや意思・希望に即したものになっているか、客観的な視点から検証する姿勢である。日常業務をこなすだけで自己検証・自己評価しないのであれば、自己満足に陥るだけだ。

記録は、そのような事態を防ぐ重要な手段である。記録をとおして自己の業務を振り返る。どの程度、利用者のニーズを満たすことができたかを検証する。問題や課題がみえてきた場合には、改善に取り組む。記録にはこのような効用があるからこそ、手抜きや軽視は許されないのである。

誤解がないように記しておくが、私はサービス残業をしてでも（あるいは、他の業務をないがしろにしてでも）、記録の充実を図れと説いているのでない。

「忙しくて記せない」「他の業務があるから記録の時間をとれない」と主張し、十分な記録が書けない事態を放置するのではなく、「どうすれば忙しいなかで記録を書く時間が確保できるか」、改善への工夫に取り組むことを勧めているのである。

工夫の必要性を強く感じ、改善に向けて行動を起こしてもらうためには、なぜ記録が大切か、その意義と目的を的確に理解する必要がある。「このままではいけないんだ」という危機感の共有こそが、「言い訳探し」「やらない理由探し」に陥りがちな組織を変える起爆剤となるからだ。

263-00714

必見、これが記録の意義と目的である

こうした点を確認したうえで、いよいよ本題に入ろう。どうすれば、いい記録が書けるようになるかだ。ここでは数ある記録のなかでも直接援助職にとって最も重要なものであるケース記録に焦点を絞り、適切な記録の記しかたについて紹介する。

まず、あらためて確認しなければならないのは、記録の意義と目的だ。そもそも記録は何のために記すのか。これを確認するだけでも、記録のレベルは着実にワンランクアップする。ここでは最も重要な意義と目的を選りすぐって（文献2〜5）紹介する。

〈記録の意義と目的〉

【その①】利用者に対する理解促進や、新たなニーズの掘り起こしにつながる資料となる。

これまで知らなかった利用者の新たな一面を発見したり、気づいたりするのは、直接援助にかかわる職員の重要な使命である。記録は、日常的なふれあいやかかわりに終始するだけでは把握できなかった、利用者の新たな一面や未対応のニーズに気づかせてくれる重要な資料となる。

【その②】ケアプランや個別支援計画の作成、見直し、実施状況などを確認する貴重な資料となる。

ケアプランの作成や見直しにおいて、日常的なかかわりのなかで得られたデータは、ニーズの把握や対応を考えるうえで重要な資料となる。また、ケアプランで記されたサービスがどういう手順で実施され、どの程度ニーズを満たしているのか評価する際の資料となる。

【その③】専門的な支援・介護を行うための重要な資料となる。

記録は、対応が困難な行動障害のある人への援助方法を模索したり、確立したりするための資料となる。行動障害を示す人への援助の第一歩は、行動を誘発する原因や状況などの把握である。行動障害は利用者を取り巻くさまざまな環境、たとえば物理的な環境、日課やサービスメニューなどのシステム的環境、そして職員や他の利用者とのかかわりなど人的環境に何らかの問題があるために引き起こされるケースが多い。その原因をつきとめ、適切な援助のためのヒントを与えてくれるのが記録である。

【その④】職員間の情報共有が可能となり、ケアの継続性の確保につながる。

利用者に関する情報共有といえば、申し送りやミーティングなどの場面が思い浮かぶかもしれないが、それだけでは十分ではない。一人ひとりの利用者の行動の様子や状況までは、口頭での申し送りでは伝わらない。申し送りは緊急度が高く重要なものを選りすぐって伝えるので、細かい情報までは伝わらない。それを補うのが記録である。出勤時に他の職員が記したケース記録に目をとおして、利用者一人ひとりが前回退勤してから出勤するまでの間、どのような様子でサービスを利用していたか、何かトラブルはなかったか、特別な配慮が必要な出来事はなかったか、などといったことを確認する。ローテーション勤務で職員の入れ替わりがあっても、情報共有が確実に行われていれば、ケアの一貫性や継続性が保障できる。利用者の立場からすれば、前のシフトで働いていた職員に頼んでいたこと（訴えていたこと）が、つぎの職員に伝えられるので、同じことを再び訴えるという手間が省け、安心して過ごせる環境となる。

【その⑤】プロとして提供しているサービスを客観的に振り返り、よりよきサービスとするためのヒ

263-00714

ントが得られる。

業務を振り返ることは、マンネリ打破やサービス向上に欠かせない必須の作業である。記録を書こうとすれば、その日一日、自分がどのような仕事をしたか、業務を振り返る作業が無意識のうちに実施される。自分が担当する一人ひとりの利用者の顔を思い浮かべながら、彼らに対してどのようなサービスを提供していたか、それに対してどのような反応があったか検証できる。うまくいかなかった出来事があった場合は、どうすれば同じ失敗を繰り返さずに済むか、その方法を考えることにつながる。

【その⑥】職員教育（人財育成）、スーパービジョン実施の際の重要な資料となる。

人財育成という重責を担う上司（管理職）にとって、記録は部下や後輩の力を確認する重要な資料となる。彼らが日々どのような業務をこなしているのか、利用者をどの程度理解しているのか、どのような問題意識をもちながら仕事をしているのか、記録をとおして把握できる。不適切な記述や内容の薄い記録になっている場合は、どこに問題があるのか指摘することによって欠点克服を指示できる。プロ意識あふれるすばらしい記録が書かれていた場合は、そのすばらしさを伝え、労をねぎらえる。そうすることによって、職員のモチベーションや達成感を高めることができる。

【その⑦】適切に業務を果たしていることを示す証拠（法的証拠）となる。

記録は利用者が必要とするサービスを、適正かつ的確に提供していたことを示す証拠書類である。記録をないがしろにしていると、利用者や家族の誤解あるいは勘違いによって、「十分なサービスが受けられなかった」と苦情を訴えられても、容易には嫌疑を晴らせなくなる。これまで積み重ねてきた多くの実績まで否定されるとの事態を招きかねない。

こんな事態の発生を防止する最良の策は、記録の充実である。記録は万が一のときに組織のブランド価値を維持する〝お守り〟になる。忙しくとも時間がなくとも、手抜きは許されないのである。

適切な記録を書くために留意すべきこと

つぎに、適切なケース記録を書くための留意点（文献6・7）を紹介しよう。

【留意点①】記録すべき事柄が生じた場合は、なるべく早い機会に記す。

これは記録の基本であるが、福祉の現場は多忙だ。記録を書きたくても、その時間がすぐには確保できない場合がある。そんなときは、メモ帳や付せん紙などに走り書きでメモを残しておく。たとえば、「12時30分昼食時、2人の利用者、言い争い」「14時30分、A氏『財布がない』との訴え」「17時30分、B氏、腰痛訴え」といった具合に記す。キーワードだけを記したメモであっても、残しておけばあとで思い出せる。「たしか重要なことがあったはずだけど、思い出せない」との事態を防止できる。

【留意点②】キーワードを記す。

ケース記録には、行動の様子だけでなく、それを端的に表す「見出し」「トピック」を記すと、あとで記録を見直したり、ある行動について過去にどれくらいの頻度で起こっていたか、どのような対応がなされていたか調べたりするときに役立つ（記入例については「特別養護老人ホーム利用者の記録例」を参照）。

【留意点③】利用者の行動の様子を記録するとき、専門用語だけの記述にならないようにする。

利用者の日々の様子を記す場合、専門用語だけの記録にとどまらないようにする。「徘徊あり」「異食あり」「ものとられ妄想あり」という記録では実際に何があったか、他の職員に客観的事実が伝わらないので要注意。

【留意点④】客観的な事実と主観的なコメントは別々に記す（主観のみの記述は厳禁）。

記録の重要なポイントは、実際に何が起こったのか他の職員が読んでもわかるように記すことである。事実と主観が入り交じった記録は、どこからどこまで事実なのか読み手にはわかりにくく、混乱を与えたり事実誤認を生じさせたりする。

記録を書く際には、実際に起こった出来事をその状況を再現するようなつもりで記す。その後、必要に応じて、記録者の主観（考えや考察など）を記すのが大原則である。

【留意点⑤】とくに重要な出来事が発生した場合、あるいはある行動に対してよりよき援助方法を確立するために綿密な記録を残す必要がある場合は、以下の点に留意して記す（記入例については「特別養護老人ホーム利用者の記録例」を参照）。

①「いつ」
②「どこで」
③「誰が」
④「どのような状況で」
⑤「どのような行動」を示したか
⑥それに対して、どのような対応がなされたか

⑦ その結果どうなったか

⑧ 考察(一連の事実を踏まえたうえで、記録者の判断、分析、検証、意見などを記す。考察できるほどのデータがない場合、省略可)

ちなみに、この記しかたの場合、①~⑦が客観的事実、⑧は①から⑦に対するコメントや考察を記す欄となる。この記しかたに慣れていない人にとっては、非常に手間がかかる記しかたのような印象を受けるかもしれない。が、一度パターンを覚えてしまえば、軽やかなステップで記せるようになる。

注目すべきは、この方法で記した記録は、行動障害を示す人に対する支援の方法やかかわり方を模索する際の重要な資料になるという点だ。たとえば、「⑤どのような行動」に対して、「⑥どう対応したか」を記した部分を整理し、分析・検証することによってどう対応すればうまくいく可能性が高いか、反対に、どう対応するとうまくいかない可能性が高いか、支援の際に留意すべき貴重な教訓を学びとれる。「①いつ」「②どこで」「④どんな状況で」行動障害が起こったか、記録を分析することによって、行動障害が起こりやすい時間帯(時期)、場所、状況などが特定できる場合がある。特定できればどのような時間帯、場所、状況に利用者がいる場合には、職員がいつでもすぐに対応できるよう、あらかじめ支援体制を整えておくことができる。素早い対応によって、行動障害を未然に防ぐ可能性が高くなる。

【留意点⑥】利用者への対応などでうまくいかなかったことも、ありのままに記す。

利用者とのかかわりのなかでうまくいかないことがあったとしても、その事実は記録に残さねばならない。たとえば、情緒不安状態の利用者に声をかけたら興奮状態になり、落ち着いてもらうのに多

特別養護老人ホーム利用者の記録例

日時	トピック	行動の様子	記録者
12月7日(水) 14：00	情緒不安（息子に会いたい）	午後2時頃(1)、Aさんの部屋(2)を訪ねると、Aさんが(3)涙をぽろぽろ流しながらベッドの上に座っている(4)(5)。「どうかされましたか」と声をかけると(6)、「息子が会いに来てくれないんだよ」(5)と言う。「息子さん夫婦は、この前いらしたとき、土曜日に来るといってましたよ」と伝えると(6)、表情が一変。「ああ、そうかね。土曜日に来るのかね。そりゃ、よかった」と甲高い弾んだ声で答える(7)。数分後、ラウンジにやって来て、「ところで、土曜日ってのはいつだね？　明日かね？」と職員に聞いてくる(5)。カベに貼ってあるカレンダーを指さしながら、「今日は12月7日の木曜日ですから、あさって来てくれますよ」と説明する(6)。「そうかね、あんた親切な人だね。ありがとう」と職員の手を取りながら語った後、部屋に戻っていく(7)。	久田

注：下線部の部分は、それぞれ、(1) いつ、(2) どこで、(3) 誰が、(4) どんな状況で、(5) どんな行動（言動）を示していたか、(6) それに対してどう対応したか、(7) その結果どうなったか、を指す（実際に記録を記す場合には、番号を振ったりする必要はない）

大な労力と時間を要したという場合であっても、ありのままに記録に残す。そうすれば、どうして失敗したのか検証することにもつながるし、他の職員からアドバイスを受け、よりよき対応を身につけることにつながったりするからである。

【留意点⑦】利用者の尊厳を損なう記述、記録者の感情や主観を反映した記録、利用者に対する職員の優位性を示すような記録は厳禁。

記録者の思いこみや一方的な見方、あるいは、利用者に対する優位性や高飛車な態度が連想される記述は厳に慎む。そのような記述自体が、利用者の尊厳を著しく損なう行為となるからである。

【留意点⑧】記述スタイルは、「である」調を基本とする。

「である」調が基本であるが、利用者や職員などが実際に発した言葉については、ありのままに記してよい。

(例)「ちょっとこっちにきてくれませんか」とAさんが言った。

最近、ケース記録全体をていねい語で記す福祉事業所が増えてきている。その理由を尋ねると、「利用者に対する尊敬の念を忘れないように、記録もていねい語で記しています」といった答えが返ってくる。気持ちはよくわかるが、ていねい語の記録は事実がていねい語な表記によって〝脚色〟され、実際の援助内容よりも数段上のかたちで記されるという罠に陥りやすい。

たとえばある高齢者施設では、80代後半の男性利用者への対応についてこう記されていた。

「夕食後、Aさんの洋服の袖口をみると、汚れがついていましたので、お着替えをさせていただきました」

263-00714

記録をみると、対応自体もていねいに行ったような印象を受けるが、実際には、「あら、袖が汚れているじゃない。どこでつけたのよ。全くもう！　じゃあ、着替えますから、部屋にきてください」と、荒々しい口調での対応がなされていた。たとえ悪気はなくとも、事実を脚色し〝上げ底〟状態で記載するのは福祉のプロとして許される行為ではない。

誤解がないよう、念のために記しておくが、私は敬語で記録することを全面的に否定しているのではない。実際のサービスと記録との間にズレが生じていないか、警告を発しているのである。

あなたの職場が敬語で記録を記す方針を取り入れている場合は、実際のサービス内容と記録内容との間にズレが生じていないか、ぜひチェックしてほしい。〝上げ底〟の記録になっている場合には、「である調」で記すという記録の原則に立ち返ることを強くお薦めしたい。

文　献

1）本章で記した「ダメな記録」に関する4つの類型は、つぎの拙文で示したものを加除筆修正したものである。久田則夫：記録方法を見直しマンネリ業務の連鎖を打ち破れ．介護人財育成，Vol.2，No.6，2005，pp.54〜62．

2）Thompson, N. & Thompson, S.: Understanding Social Care. Russell House Publishing, 2002.

3）Thompson, S.: A Manual for Those Working with Older People in the Social Care Sector. Russell House Publishing, 2002.

4）Trevithick, P.: Social Work Skills: A Practice Handbook. Open university Press, 2000.

5）中山幸代：記録と情報共有化の技法．新版・社会福祉学習双書編集委員会編；介護概論．全国社会福祉協議会，2001，pp.50〜55．

6）久田則夫：伸びる職員実践教室―保健福祉の職場が変わる仕事術．医歯薬出版，1999．

7）前掲1)．

263-00714

This Chapter's Points

本章で学んだこと

ポイント① 記録をみればサービスの優劣が判断できる。記録はサービスレベルを映し出す鏡だ。あなたの職場に低レベルな記録の兆候があるとすれば、サービス低下の罠にはまっている可能性が高い。強い意思をもって、変革への行動を起こす必要がある。

ポイント② 記録が不十分であると、本物のプロに求められる力が育たず、職場は低レベルなケアに直行する。

ポイント③ ワンランク上の記録を残す職場になるためには、「書く時間がない」「忙しくて書けない」など〝できない理由〟をあげつらう姿勢との決別が不可欠である（改善すべき点があるのに〝できない理由〟をあげて現状を容認するという姿勢に陥るのではなく、どうすれば現状を変えられるか、前向きな姿勢で検討する職員をめざそう）。

ポイント④ 本章で紹介した記録の意義と目的を職場全体で確認し、記録の大切さを全職員で共有する（意義と目的を確認すれば、「このままではいけないんだ」「記録の見直しが必要なんだ」との強い問題意識が職場全体で共有でき、改善に向けた行動を起こしやすくなる）。

ポイント⑤ ここで紹介した執筆のポイントやその他の文献を参考にしたうえで、記録を書くときに守るべきガイドラインを作成する（その際には、記録の書きかたに関する書籍をいくつか購入し、参考にするよう努めてほしい。ガイドライン作成を面倒だと躊躇《ちゅうちょ》するなかれ。どのように記録を書くのか、明文化されたルールがなければ、人は易《やす》きに流されてしまう。手間のかからない低レベルな記録が容認される職場になってしまいやすいからである）。

263-00714

How to break the status quo - the complete guide to becoming a competent social / care worker

おわりに

今からちょうど20年前。ある日の昼下がりのことである。私は、当時働いていた社会福祉施設の理事長（施設長兼務）から、突然、声をかけられた。

「私はずっと不満に思っていることがあるんです。この国には、福祉の現場で働く私たちに的確なアドバイスができる研究者がいません。理論や政策、援助技術の体系などについては、素晴らしい見識をもつ人が多数いるのは私もよく知っています。でも、職場内の問題解決や課題達成を手伝ってくれる専門家となると、誰も思い浮かびません。そこで、あなたに折り入って頼みたいんです。あなたがなってみませんか、福祉の現場に的確なアドバイスができる人に」

あまりにも突然のことで私は言葉を失った。どぎまぎした表情で言葉を発せられない私に、理事長は柔らかい口調で語りかけてくれた。

「実はね、久田さん。私はあなたを採用したときからずっと思っていたんです。そんな人になってほしいとね。さて、どうですか、久田さん。外国に行って本格的に勉強してみる気はありませんか。どうすれば福祉の職場に内在する問題が解決できるか、組織をよりよき方向に変えることができるか、本当の意味でチームワークが機能する職場とすることができるか、現場にアドバイスできる人になってみる気はないでしょうか」

私の研究者としての歩みは、理事長の一言ではじまった。チャレンジ精神旺盛な私は、理事長と言葉を交わした翌日には、行動を起こしていた。留学にむけた情報収集に着手した。当時は、インターネットがない時代である。情報はすべて足で稼ぐ必要があった。書店を訪ねて書籍や雑誌を買い集めるのは、はじめの一歩。活字媒体ではつかめない、生の現地情報については、各国大使館や留学経験のある人を訪ね歩いて、収集に努めた。同時に、専門分野に関する勉強も開始した。福祉系の英文専門誌や書籍に目を通し、日夜研鑽に努めた。原書を自力ですべてそろえるのは経済的に苦しいので、休みのたびに母校である上智大学の図書館を訪ねた。一日中、図書館にこもり、原書を読みふけった。最初は辞書と首っ引きで読んでいたが、次第に辞書なしでも読めるようになった。知らず知らずのうちに専門用語が頭に入っていたからである。

勉強すればするほど、留学への思いは強くなる。やがて、その思いは、無謀ともいえるチャレンジへと発展する。海外で勉強するチャンスが得られるのは、きっと一生に一度だ。であるならば、駆け足であっという間に終わる短期留学ではなく、じっくりと腰を据えた研究ができる長期留学としたい。そんな思いが頭をもたげてきた。さらには、どうせチャレンジするのであれば、最高学位である博士号取得をめざしたいとの思いが強くなったのである。

幸い、夢を後押ししてくれる人がいた。留学を勧めてくれた理事長である。彼は支援を約束してくれた。涙がでるほどうれしかった。福祉職員としてまだ十分な実績を示していない私を信じてくれる人がいる。現場に必要とされる研究者として育ってほしいと、心から願ってくれる人がいる。これが大きな力となった。実力以上の力を発揮し、夢を現実のものとする原動力となった。私が英国国立ウェールズ大学、大学院博士課程に留学し、無事、博士の学位が取れたのは、その心の支えがあったからである。帰国後、福祉現場に戻った私に、転機が訪れる。平成6年4月のことである。某大学から誘いを受け、教員になることが決定したのである。理事長は、わがことのように喜んでくれた。

「いいですか、久田さん。現場に必要とされる研究者になってくださいね。約束ですよ」

こんなはなむけの言葉で送り出してくれた。

それから十数年の月日が流れた。私の教員としてのスタンスはずっと変わらない。「現場に必要とされる教員となるべく努力邁進する」「研究で得た知見を現場に還元する教員になる」。こうした思いを胸に抱き、ただひたすら走り続けた。現場を訪ね歩く日々が続く。よりよきケアの実現に向けてアドバイスするために、北は北海道、南は九州・沖縄まで、文字どおり、飛び歩く毎日を送っている。

本書を世に出すのも、この活動の延長上にある。「現場に必要とされる研究者となれ」と励ましてくれた恩師との約束を果たす活動の一環といえる。福祉の最前線で働く一人でも多くの人に、プロフェッショナルな職員となるにはどうすればいいか、その具体的かつ実践的なヒントを伝えたい。その一心で完成させたのが、本書である。

本書に目を通してくれた読者のみなさんが、これからの福祉業界を担う「デキる職員」として、さらなる飛躍を遂げられることを心から祈っている。

2007年3月　**久田則夫**

【著者略歴】
久田則夫《ひさだのりお》

上智大学外国語学部卒業後，知的障害者施設「駿東学園」に勤務．その後，英国ウェールズ大学スワンジー大学院博士課程に３年間留学し，高齢者および障害者に対するコミュニティケアサービスの研究を行なう．1991年12月．高齢障害者に関する博士論文で博士号（Doctor of Philosophy）取得．長崎純心大学人文学部専任講師，龍谷大学社会学部助教授を経て，日本女子大学人間社会学部教授となる．

専門：利用者本位サービス論，社会福祉施設組織運営論

〔主な著書〕

『どうすれば福祉のプロになれるか―カベを乗り越え活路を開く仕事術』（単著），中央法規出版，2004年．

『「伸びる」職員実践教室　保健福祉の職場が変わる仕事術』（単著），医歯薬出版，1999年．

『施設職員実践マニュアル：利用者主体の援助プログラムの勧め』（単著），学苑社，1996年．

『高齢知的障害者とコミュニティケア』（単著），川島書店，1994年．

『ノリさんの楽々レポート作成術：福祉系職員のための論文レポート作成マニュアル』（単著），大揚社，1995年．

『社会福祉援助技術総論：新社会福祉学習双書』（共同執筆），全国社会福祉協議会，1997年．

E-Mail：no-rio@rb3.so-net.ne.jp

デキる福祉のプロになる
現状打破の仕事術　　ISBN978-4-263-71930-5

2007年３月10日　第１版第１刷発行
2015年４月10日　第１版第４刷発行

著　者　久　田　則　夫
発行者　大　畑　秀　穂
発行所　**医歯薬出版株式会社**

〒113-8612　東京都文京区本駒込1-7-10
TEL.(03)5395-7627(編集)・7616(販売)
FAX.(03)5395-7609(編集)・8563(販売)
URL http://www.ishiyaku.co.jp
郵便振替番号　00190-5-13816

乱丁，落丁の際はお取り替えいたします　　印刷・製本／大日本印刷